学問の総本山
HSUの教育革命

開学3年目 成果レポート

REVOLUTION

発刊によせて

真理を内包した学問と教育が目指すもの

HSUチェアマン
渡邉(わたなべ) 和哉(かずや)

1957年生まれ。東京都立大学経済学部卒業。大手証券会社を経て、1994年に幸福の科学に奉職。理事長、事務局長、活動推進局長、東京指導研修局長、財務局長などを歴任し、2015年4月より現職。

２０１５年４月に開学したハッピー・サイエンス・ユニバーシティ（ＨＳＵ）は、学生、保護者、そして多くの支援者の方々の期待と応援を受け、今年（２０１７年）、開学３年目を迎えました。

千葉県長生村のメインキャンパスで人間幸福学部、経営成功学部、未来産業学部の３学部でスタートした本学は、翌年には新たな学部として未来創造学部を増設。３年目の今年度には、新学部の学生が学ぶ「未来創造・東京キャンパス」（東京都江東区）がオープンし、政治家やジャーナリスト、タレントやクリエーターを目指す若者が、勉学に、レッスンに励んでいます。

ＨＳＵは、建学の精神「幸福の探究と新文明の創造」の実現に向け、熱い志と勇気を持った教員と学生が、励まし合いながら、新たな時代を拓く人材を目指して研鑽を重ねる「現代の松下村塾」です。明治維新を牽引した志士たちが、情熱と使命感にあふれる師の率いる私塾から数多く輩出されたように、本学から新たな時代を切り拓く多くの人材を世に送り出したいのです。

本学の最大の特長は、この国と世界を新しく創りかえていく、新たな学問を学ぶことができる点にあります。創立者・大川隆法総裁は、１９８６年の幸福の科学立宗より、２６００回を超える説法をされ、２２００冊を超える書物を著され、その内容は、心の教えを中心に、政治、経済、経営、国際関係、教育、芸能など多岐にわたっています。そして、大川隆法総裁は、この国と世界を新しく創りかえていくべく、その広範な教えに基づいた新たな学問を示され、このHSUに結実しているのです。その意味で本学は、プラトンの「アカデメイア」やアリストテレスの「リュケイオン」を超える学び舎であり、私たちは、本学を「学問の総本山」と呼ぶにふさわしいものにしていくつもりです。

本学で学ぶ真の学問は、深遠な真理を内包したものであると同時に、人間の幸福、事業の成功、未来産業の創出、社会的な影響力の発揮といった、具体的な成果をあげるための学問でもあります。来年（２０１８年）は１年生から４年生までが揃う「完成年度」を迎え、２０１９年３月には、本学で新しい学問を学んだ、有為な人材が、各界へと巣立っていきます。アデプト（目覚めた者）の卵である彼らの活躍が、真理に基づいた学問と教育の力を世に示すことを信じています。

もちろん、学問の世界、教育の世界における、ニュー・フロンティアを目指す私たちの挑戦は、まだ始まったばかりです。唯物論、不可知論に陥った学問と教育の世界に革命を起こし、本学が「未来文明の源流」となっていくには、長く厳しい道のりを、努力に努力を重ねながら前進していく必要があると感じています。

いま私たちは時代の端境期に立っています。同時代にその変動を見抜くことは難しいかもしれません。しかし、いま確実に古い価値観が崩れ去り、新たな価値観が立ち現れようとしているのです。新しい時代を切り拓く「志と勇気」を持った若者に、ぜひ、本学の門戸を叩いてほしいと願っています。

ＨＳＵの挑戦は続きます。本学の開学準備から今日までに賜った多くの方々の多大なご支援に心より感謝申し上げるとともに、「教育革命」の成就に向け、一人でも多くの方のご理解と、さらなるご支援を賜ることができれば、誠にありがたく存じます。

目次

REVOLUTION

CONTENTS

巻頭インタビュー

HSUプリンシパル

九鬼一（くきはじめ）

「創造的で生産性の高い人材」を養成するHSUの教育革命

2015年の開学から3年目——。新時代を開く学問の創造に挑戦しつつ、教育革命を目指して進化を遂げるHSUの「これまで」と「これから」を、本学新聞部の学生二人が九鬼一（くきはじめ）プリンシパルに聞いた。

（聞き手／HSU新聞部編集長中川めぐみ〔写真中央〕、同部員赤羽千聡〔写真左〕）

開学前に感じた「現状維持」圧力

中川　今年HSUは開学3年目を迎えました。この間を振り返って感じたことをお聞かせください。

九鬼　本当にあっという間でした。ずいぶんいろいろなことがあったと思いますが、開学したのがつい先日のようです。

長生キャンパスのピラミッド型礼拝堂に続く階段を、一期生のみんながトコトコと上ってきて。期

天使の梯子
文科省不正 解決のカギは「自由」にあり
天使の梯子
「ヘイト」ではなく「愛」のために──北朝鮮と向き合うカギ
天使の梯子
今の憲法、70年前のままで大丈夫？

HSU新聞部が制作する学生新聞「天使の梯子」(毎月1回発行)。政治・経済などの時事問題から、HSUの旬なトピックまで、幅広いテーマを扱う。

幸福の科学大学の設置申請に対して、不認可の判断を下した文科省。

待と緊張がない交ぜになった初々しいその表情を見ているうちに、こちらもつい緊張してしまっていたのが、昨日のことのようです。そんな一期生が、今年はもう3年生です。「早いものだな」と思いますね。

ただ、開学前年の2014年には、今〝話題〟の文科省とずいぶんとやり取りをしました。開学の頃のことを考えると、どうしてもそちらの出来事も、思い出してしまいますね。

その中で改めて分かったことの一つが、「日本の大学教育って、『前例踏襲』から抜け出せないんだな」という、根本的な課題でした。

赤羽 大学を設立するにも、「前例踏襲」でないと認められないということですか？

九鬼 ご存じの通り、「大学を新しく設置してよ

開学3年目の2017年4月、ＨＳＵ創立者・大川隆法総裁から賜った法話「光り輝く人となるためには」の様子。

ＨＳＵでの法話で、「創造性を発揮し、そのなかで何を生み出せるかということを考えていく人たちが出てきてほしい」と訴えた大川総裁。

いかどうか」を判断するお役所は文科省です。文科省には、大学に限らず全国の学校で行われる教育の「質の保証」をする仕事があります。つまり「一定の水準に満たないところは、学校として認められない」ということですね。

　小・中・高等学校といった学校には、「学習指導要領」という基準がありますが、大学教育の中身は専門的であるがゆえに、官僚である彼らには内容について「判断できない」んです。

　とはいえ、いろいろな大学の新設を認めるかどうか決めなければいけない。そこで彼らがやってきたのは、審議会で既存の大学の関係者に来てもらって、「既存の大学の教育内容を基準にして、そこから離れているかいないか」という意見を言ってもらうことです。

　これでは、「新しいことはやらないでください」と言っているのと同じです。

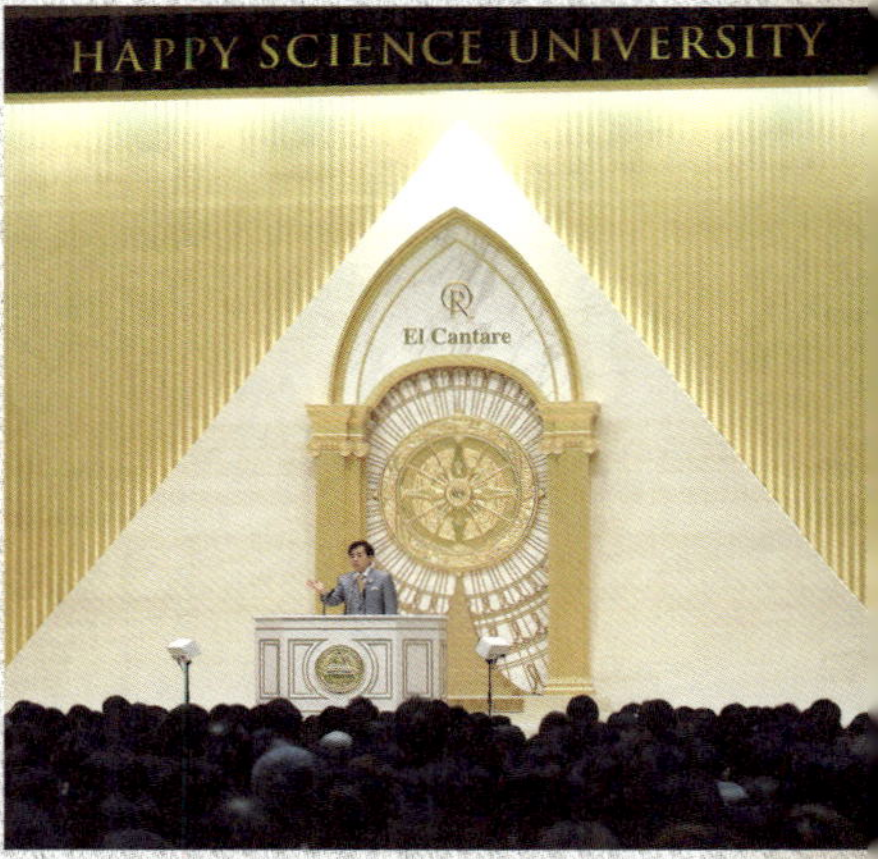

本法話が第１章に所収された経典『光り輝く人となるためには』（HSU出版会刊）。

日本を再起動させたい

九鬼　百歩譲って、そういう姿勢は、昔の右肩上がりの日本では、まだ許容されたかもしれません。しかし日本はこの20年以上、経済成長が止まってしまっています。１９９０年代初頭にバブルが弾けて以来、たくさんの失業者が生まれ、毎年、数万人の方が、自殺に追い込まれ続けています。その主な要因の一つは、「経済苦」と言われているんです。

その間も少子化や高齢化は〝待ったなし〟に進み、課題はどんどん山積していっています。

でも、そんな停滞が延々と続いている時に、「今までと同じやり方」「今までと同じ内容」をかたくなに守っていただけの教育に、果たしてどんな打開策が打てるというのでしょうか。もちろん、政府が悪いとか、経済政策が悪いとか、少子化だから

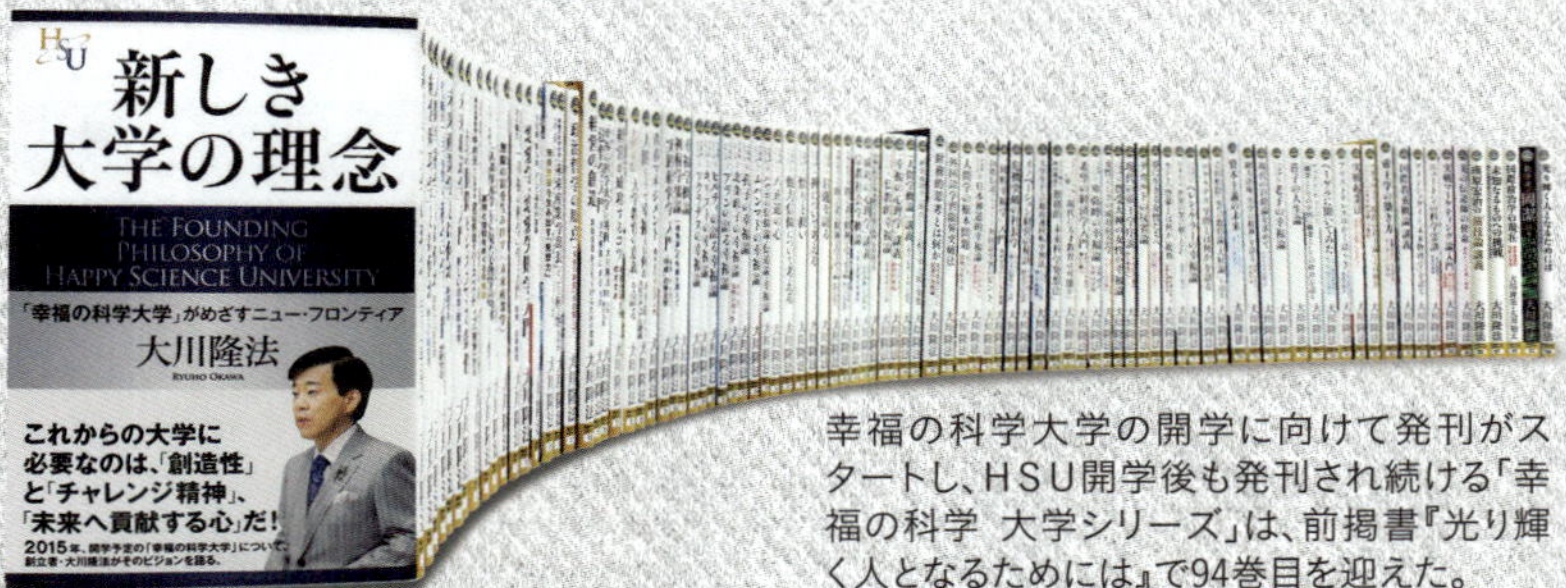

幸福の科学大学の開学に向けて発刊がスタートし、ＨＳＵ開学後も発刊され続ける「幸福の科学　大学シリーズ」は、前掲書『光り輝く人となるためには』で94巻目を迎えた。

ＨＳＵ教員陣も、政治・経済、経営論、ジャーナリズム論、自然学等、幅広いテーマの書籍、テキストを刊行している。

しょうがないとか、言い訳はいくらでもできますし、実際そういう面はあると思います。でも、言い訳したって不況は終わりませんよね？　人のせい、環境のせいという「言い訳の人生」では、何も変わらないんです。

文科省からすれば余計なお世話であるとは重々承知しつつも、大川隆法総裁の教えを学ぶ者の一人として、日本を再起動させたい――。そう思って、ＨＳＵで、宗教的素養を大切にする教育事業に取り組んできました。

宗教的素養は創造性の源

中川　なぜ、宗教的素養が必要だと思われるのですか？

九鬼　理想論、あるいは人によっては夢想論に聞

こえるかもしれませんが、宗教は、創造性の源になりうるんです。例えば、世界の研究者の中でも、創造的で画期的な功績を残した人に授与されるノーベル賞というものがあります。実は、その受賞者のうち、約20%以上がユダヤ人だという調査結果があるんです。一方、ユダヤ人の人口はどれくらいいるかというと、地球の全人口のわずか0・2%。これは〝異常値〟でしょう。その理由は一体何かというと、「ユダヤ人は幼少時から『旧約聖書』を繰り返し読み聞かせられている」ということが言われているんです。

『旧約聖書』は「神が万物を創り、自らに似せて人を創った」といった天地創造から始まりますし、事実がどうか確認できないような話も結構あります。しかし、そういうものを小さいころから勉強しているうちに、「自分は神に似せられて創られたのだから、自分には神と似た創造性があるに違い

ない」と信じることができ、そういったマインドセットが創造性に良い影響を与えると考えられます。

ＨＳＵは、そういった「信仰の力」を考察して、「どうしたら人間は真に幸福になれるか」を探究する大きな目標を掲げて、4学部6コースを開設し、人類の未来を開く学問を、日々追い求めています。

「自分の問題」として捉える学修

九鬼　実際、すでに多くの成果が出つつあります。例えばこれからの時代に必須の英語力については、ＴＯＥＩＣスコアを１００点以上伸ばした学生が全学生の３割以上に上る（上図参照）など、顕著な成果が出ています。中には、入学してからＴＯＥＩＣを４００点以上アップさせた学生だっているんです（96ページ参照）。また、学部２年生で、大学院卒業レベルの実績を上げた学生もいます（84ページ

**全国平均を70点上回る
HSU生のTOEICスコア**

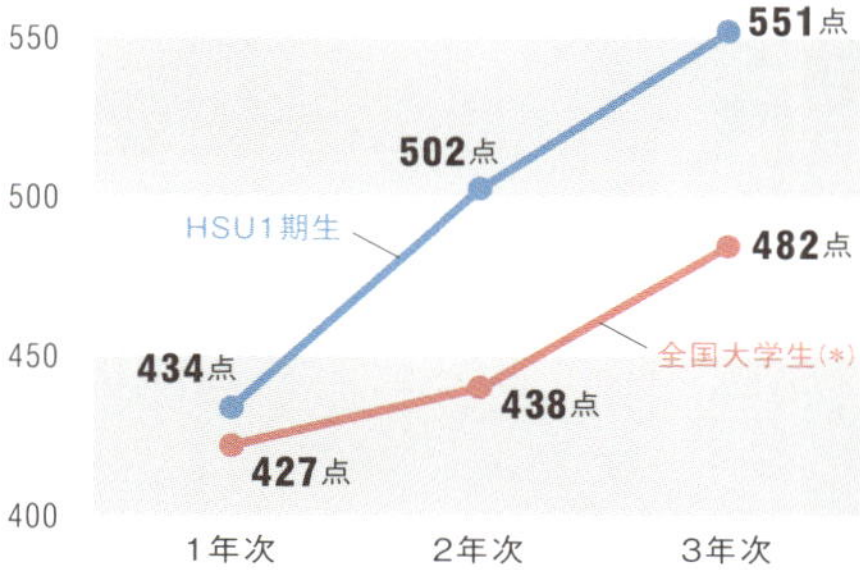

(※)「TOEIC Program DATA & ANALYSIS 2016」

**HSU生の約3割が
TOEICスコアを100点以上伸ばしている**

500点以上	1人
400点以上	7人
300点以上	12人
200点以上	28人
100点以上	131人

**100点以上
伸ばした学生は
HSU全体の33%**

(2016年度末時点)

出典：月刊「ザ・リバティ」2017年8月号より

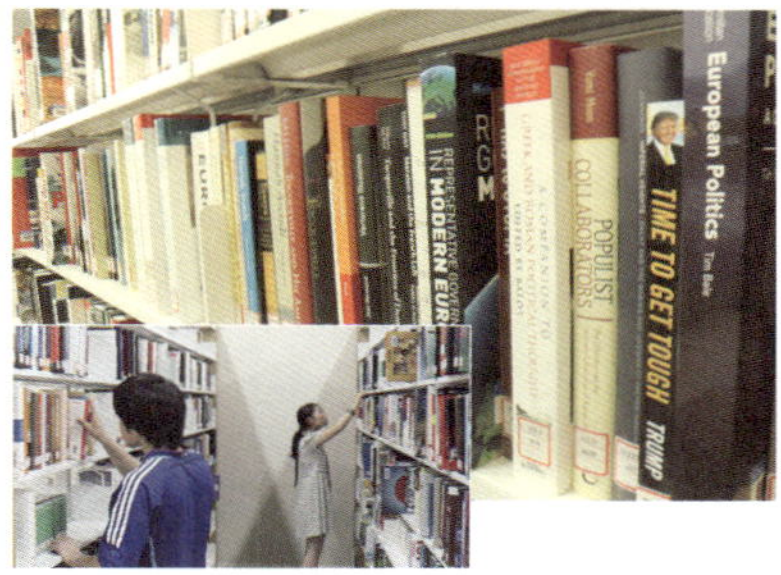

参照)。

そういえば、皆さんの学生新聞「天使の梯子（はしご）」も、大川隆法総裁から「プロが書いた文章に見える」と、お褒めの言葉をいただいてましたね？

中川　いや、全然まだまだと言うか……。将来は、学生新聞から大企業に成長したリクルートのような発展を目指そうと、まずは筆力や企画力を高めようと思ってるんですが、追いついてなくて……。

九鬼　でも、どうですか？　そういう意識を持っていると、授業にも自然と身が入るでしょう？

中川　身が入るどころじゃなく、教科書の一文一文、先生から言われる一言一言が、とっても生々しいというか、突き刺さるというか（笑）。

九鬼　そうですよね（笑）。HSUの教育は、すべて、机上の空論にならないように留意しているんです。「創造的で生産性の高い人材」を育てようとしているからです。「人の苦しみを取り去るにはどう考えればいいのか」「組織をつくりあげて、大きな活動のうねりを起こすには、何に気をつければいいのか」といった、大川隆法総裁自らが取り組まれ、改善され、抽出され、そして磨き上げられてきた結晶そのものをベースにした学びになっているんです。ここが、他の大学と本学の大きな違いであると思ってます。

赤羽　先生方も私たち学生もみんな、「現実の自分の問題」として取り組んでいるように思います。

九鬼　その通りです。〝他人ごと〟ではなく〝自分ごと〟の意識、つまり当事者意識の強い学生が、

HSUプリンシパル **九鬼 一**（くき はじめ）

1962年生まれ。早稲田大学法学部卒。共同石油㈱（現ＪＸTGエネルギー㈱）を経て1993年に幸福の科学に奉職。総合本部事務局長や幸福の科学出版㈱社長、㈻幸福の科学学園理事長などを歴任。著書に『ＨＳＵテキスト11・13 経営成功総論Ｉ（上）（下）』（ＨＳＵ出版会）など多数。

本学では着々と育っています。こんな主体者意識の高い学生、他にいないと断言できますね！

創業期を共につくり上げていこう

九鬼　とはいえ本学は、まだまだ〝創業期〟です。「積み上げ型」「前例踏襲型」を重視する方々から見れば、その手法はつたなく、ボロが見えるところもあるでしょう。しかし、それは、新しい挑戦をし続けている証拠でもあると思っています。

現状維持の先に、さらなる発展がないことは、もう明らかです。この新しい挑戦に、一人でも多くの方が加わってもらい、日本の教育そのものに革命を起こし、新文明を建設するという大きなロマンを、一緒に成し遂げていけたら――。そう願って、皆さんと一緒に、このＨＳＵをしっかり育てていきたいと思っています。

002 創立者の言葉

教育革命の本流がここにある

ＨＳＵの創立者である大川隆法総裁は、1986年に「幸福の科学」を設立してより30余年、今や世界100ヵ国以上に信者を擁する幸福の科学グループを率いてきた。

幸福の科学グループが、国内外の宗教活動のみならず、出版事業、政治活動、メディア文化事業、教育事業と、大きく活動を展開してきた、その原動力は、大川総裁が説かれる教えにある。

著作の発刊点数は2200書を超え、その内容は、宗教、哲学、政治、経済、国際問題、科学、芸能、文化に至るまで、多岐にわたっている。大学構想の核となり、ＨＳＵの学びの重要な礎となっている「幸福の科学 大学シリーズ」は、開学後も発刊が続き、現在94書にのぼる。

ここでは、ＨＳＵ開学以降、大川総裁が本学について発信されたメッセージを紹介する。人類の未来を拓かんとする創立者の精神を感じ取ってほしい。

ＨＳＵは、新文明の源流でもある。日本から始まる教育革命の本流がここにある。

「自助努力」と「信仰心」と「繁栄」を基本として、知の世界の革命は成しとげられるべきである。

私自身、吉田松陰同様、激誠の人であり、「万巻の書を読まずして、いかで千秋の人（千年先まで名前の残る人）となることを得んや」と常々考えている者である。またソクラテス以上の愛知者でもある。

若者たちにこの国の未来と世界の夢を託したい。

（『未知なるものへの挑戦』あとがきより）

ほかの大学は、「過去」を引きずっているか、「現在」を精一杯生きているところです。しかし、われわれのＨＳＵは「未来」をクリエイトするところです。

　われわれは、「今ないもの」「これから未来に必要とされるもの」をつくろうとしています。あるいは、「未来はこうでなければならない」という設計図を示し、それを現実化していこうとしています。ＨＳＵは、そのためにつくったユニバーシティなのです。

（『未知なるものへの挑戦』第１章より）

どのようなかたちでもよいから、ブレイクスルー、つまり、困難の壁をぶち抜いて、未来を拓くことです。それが、みなさんの使命であるということを心に刻んでください。（中略）

九十九里浜のそばにある長生村の、ピラミッドがあるこの校舎が、日本の〝最高学府〟です。みなさんは、この言葉を真実ならしめるために、今後、努力してください。

（『未知なるものへの挑戦』第2章より）

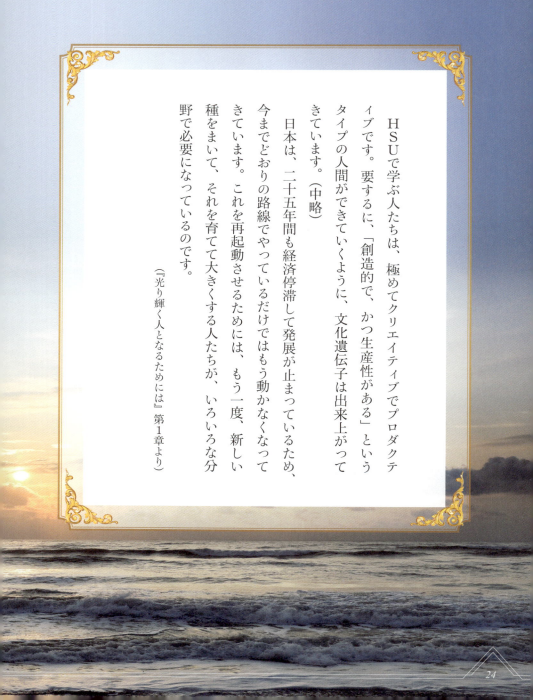

ＨＳＵで学ぶ人たちは、極めてクリエイティブでプロダクティブです。要するに、「創造的で、かつ生産性がある」というタイプの人間ができていくように、文化遺伝子は出来上がってきています。（中略）

日本は、二十五年間も経済停滞して発展が止まっているため、今までどおりの路線でやっているだけではもう動かなくなってきています。これを再起動させるためには、もう一度、新しい種をまいて、それを育てて大きくする人たちが、いろいろな分野で必要になっているのです。

（『光り輝く人となるためには』第1章より）

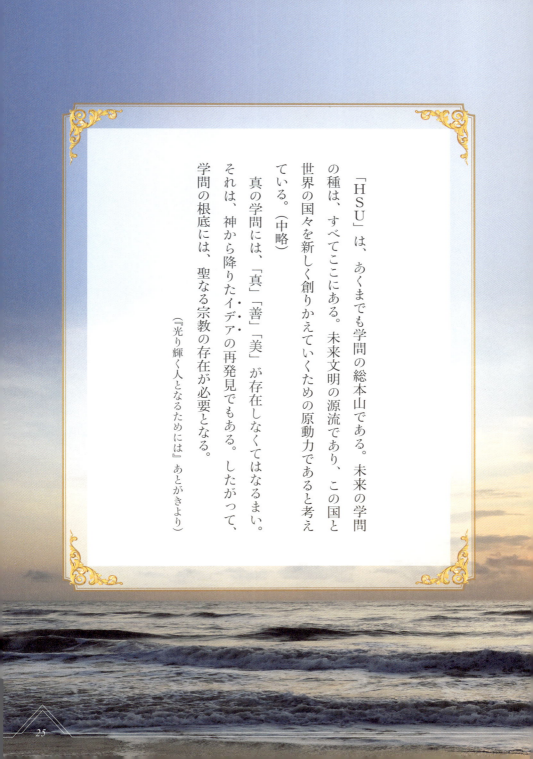

「ＨＳＵ」は、あくまでも学問の総本山である。未来の学問の種は、すべてここにある。未来文明の源流であり、この国と世界の国々を新しく創りかえていくための原動力であると考えている。（中略）

真の学問には、「真」「善」「美」が存在しなくてはなるまい。それは、神から降りたイデアの再発見でもある。したがって、学問の根底には、聖なる宗教の存在が必要となる。

（『光り輝く人となるためには』あとがきより）

ハッピー・サイエンス・ユニバーシティ校歌
『輝いて』

作詞　大川隆法
作曲　大川隆法
作詞　☆霊指導　トス神
作曲　☆霊指導　トス神、ラ・ムー

一、今の君は輝いて　大海原の
朝の日の　ときめきの生命
燃え出でて　果てなき世界を
照らし出す

ピラミッドの夢は永遠に
未来の誓い照らし出す
ああ　輝いて　輝いて
宇宙の闇を打ち砕かん
ゆけ　ハッピー・サイエンス・ユニバーシティ
無限の使命をにないつくして
どこまでも輝いてゆけ

二、明日の君は輝いて　水平線の
向こうの国の　めくるめく天使
悟りかかげて　無明の闇夜を
照らし出す

智慧の光は限りなく
世界の苦しみ悲しみを
ああ　輝いて　輝いて
地球の果てまで追い払う
立て　ハッピー・サイエンス・ユニバーシティ
救え　愛のミッションをたずさえて
ユートピア実現を願い抜け

（END）

教員インタビュー

光り輝く人となれ!

あなたの天命を成就させる４つの学部

人は誰もが天命を持って、この地上に生まれてくる。「今世、自分はこの使命を果たしたい」という希望を抱いて生まれてくるのだ。

HSU には４つの学部があり、さらに６つのコースに分かれて、実に幅広い分野をカバーしている。学生一人ひとりの天命成就を応援するためだ。

HSU の学部・コースは、いずれも既存の大学では学べない新しい学問を教えている。各学部・コースの中核を担うプロフェッサーたちに、HSU での学修の魅力を語ってもらった。

人間幸福学部

「人間学」を学び、新時代を切り拓くリーダーとなる

人間幸福学部は、ＨＳＵの中核となる学部である。この学部では、人類の至宝である「幸福の科学教学」を中心に、人間の本質や真実の幸福について深く探究し、純粋な信仰心と宗教的説得力にあふれたプロの宗教家、様々な分野で活躍する徳あるリーダー人材の輩出を目指している。

幸福の科学グループの出家者（職員）を目指す方はもちろん、哲学、宗教学、心理学等の人文系の諸学問を学び、幅広い教養を身につけて社会で活躍したい方や、高い語学力と発信力を身につけ、海外伝道の使命を果たしたい方、海外企業でも即戦力となる国際ビジネスパーソンを目指したい方は、ぜひ、この人間幸福学部を目指してほしい。

●人間の本質や真実の幸福を深く探究する
●高い語学力を持つ国際人となる
●幅広い教養を身につけた徳あるリーダーへ

専門教育の内容

２年次から、「人間幸福コース」と「国際コース」に分かれ、各専門分野に重点を置いた学修を進める。

■専門基礎科目（両コース共通）
幸福学概論、哲学入門、宗教学入門

■幸福の科学教学領域（両コース共通）
幸福の科学応用教学、幸福の科学実践教学

■哲学・倫理学系科目（主に人間幸福コース）
哲学、倫理学、社会思想史等に関する科目

■人間科学系科目（主に人間幸福コース）
心理学、教育学、心身健康科学等に関する科目

■宗教文化系科目（両コース共通）
宗教学、キリスト教史、イスラーム教史、神道史、宗教社会学などに関する科目

■地域文化系科目（主に国際コース）
異文化間コミュニケーション、地域文化研究などに関する科目

■ Global Elite Program（国際コース）
時事英語（黒帯英語）、プレゼンテーション、ディベートなどに関する科目

バイス・プリンシパル
人間幸福学部ディーン
黒川白雲（くろかわはくうん）

仏法真理をベースに 諸学を統合する 新たな「人間幸福学」の挑戦

HSUの筆頭学部ともいうべき人間幸福学部は、「人間の幸福とは何か」「それはどのようにして実現されるのか」といった本質的なテーマに、真正面から切り込んでいく学部である。HSUのバイス・プリンシパル（副学長にあたる）であり、人間幸福学部のディーン（学部長にあたる）も務める黒川白雲氏に、この新たな学問の挑戦と、同学部の魅力について語ってもらった。

1956年生まれ。1989年早稲田大学政治経済学部政治学科卒業。同年東京都庁入庁。1991年より幸福の科学に奉職。指導局長、活動推進局長、人事局長などを歴任。2014年、東洋大学大学院経済学研究科修了。現在、HSUバイス・プリンシパル 兼 人間幸福学部ディーン。おもな編著書に『救世の時代 来たれり』『「救世の主役」を目指して』『HSU 未来をつくる授業』『HSUテキスト5 幸福学概論』（いずれもHSU出版会）、著書に『知的幸福整理学』『比較幸福学の基本論点』『人間とは何か』（いずれも幸福の科学出版）等がある。

ＨＳＵの中核を担う学部

――人間幸福学部は、ＨＳＵの四つの学部の中でも、特別な位置付けにある学部ですが、その特長について教えてください。（聞き手／ＨＳＵ出版会 編集部）

黒川　ＨＳＵは「幸福の探究と新文明の創造」という建学の精神を掲げて開学しました。これが四つの学部を統合する理念であり、本学の研究と教育の目標です。

四つの学部は、それぞれの特長を持って、この建学の精神を実現すべく活動しているのですが、なかでも人間幸福学部は、その名の通り「人間の幸福」について探究し、その幸福を世界に広げていくことのできる人材を数多く輩出することで、新たな文明を拓いていくという壮大な理想を持った学部です。建学の精神がストレートに学部のコンセプトになっているわけです。その意味で、ＨＳＵの中核となる学部であると言えます。

今年の入学式の御法話「光り輝く人となるためには」で、大川隆法総裁は「人間幸福学部は、宗教としてのメインの部分です」「まったく新しい宗教を起こして、日本と世界の人々を救い、そして護り、育てていきたいと思っているので、宗教系の人間幸福学部はどうしてもつくりたいと考えていました」と説かれました。アルビン・トフラーは『パワーシフト』のなかで二十一世紀以降は「宗教の時代」になると明言していますが、人間幸福学部は、そうした「宗教の時代」におけるリーダーを輩出する役割を持っているわけです。

広範な仏法真理を体系的に学ぶ

――人間幸福学部では、幸福の科学教学に関する科目が充実しているそうですが、幸福の科学教学とはどのようなものでしょうか。

黒川　幸福の科学は昨年、立宗30周年を迎え、大川隆法総裁が説かれた御説法は実に２６００回を超え、御著書は２２００冊を超えています。その内容は、心の教えを中心に、政治、経済、国際関係、教育等、多岐にわたっていて、ＨＳＵの各学部の礎となっています。

ところが、これだけ膨大な教えですから、学んでいくのも大変です。そこでＨＳＵでは、大川隆法総裁の説かれた教え、すなわち仏法真理を体系化し、テキストや授業科目に割り当て、カリキュラムに沿って学修を進められるようにしているのです。「幸福の科学教学」の授業では、こうした体系化された仏法真理を幅広く、深く、効果的に学ぶことになります。

ＨＳＵの各学部は、この幸福の科学教学に関する科目をカリキュラムに組み込んでいますが、特に人間幸福学部では幸福の科学教学に関する科目が充実しています。

孔子やソクラテス、釈尊、イエス・キリスト等が説いた教えは、結局は、「人間学」です。人間としての生き方、人生学であり、それに基づいて、様々な文化・文明も発展していきました。まさしく人間幸福学部の中核テーマも、学部名の通り、「人間学」です。

幸福の科学教学を中心に、現代における「人間学」の真髄を学び、人間完成への道を歩むとともに、新文明の創造に寄与できる人材を輩出することが人間幸福学部の眼目です。

――人間幸福学部への進学を希望する高校生のなかには、「これまで仏法真理の学びはあまりしてこなかったので、ついていけるだろうか」と心配する方もいるようです。

黒川　初学者でも学びやすいように、体系化してカリキュラムを組んでいるので、安心していただきたいと思います。授業にしっかり取り組んでいただければ、無理なく基礎から応用、実践的な内容まで身に付けることができます。

　また人間幸福学部が輩出する人材は、幸福の科学の職員だけではありません。人類普遍の幸福を探究する人間幸福学を学んだ学生は、広く人々の幸福に貢献するエリートとして活躍の場が開かれています。また語学や国際教養に力を入れた国際コースで学んだ学生は、国際ビジネスパーソンとして海外企業でも即戦力となる能力を身に付けることができます。その意味で、宗教エリートのみならず、新時代におけるグローバル・エリートとして各界や世界で活躍したいという方も、ぜひ、人間幸福学部で高度な「人間学」「帝王学」と、実践的な語学を身に付

けていただきたいと思います。

人類幸福化に貢献する新たな学問「人間幸福学」

——黒川バイス・プリンシパルは、多くの著書を発刊されており、たとえば、その中の一つ、『ＨＳＵテキスト５ 幸福学概論』では、心理学、経済学、経営学、哲学等、学際的なアプローチで幸福論を展開されています。仏法真理の体系化と同時に、諸学の統合といった観点でも、学問としての挑戦をされているようですが、人間幸福学部が目指している新しい学問とは、どのようなものなのでしょうか。

黒川　人間幸福学部で学ぶところの「人間幸福学」とは、幸福の科学教学をベースとしながら、哲学、宗教学をはじめとする思想文化を中心に、宗教学、心理学、文学、歴史学、芸術学等、人文系の幅広い学問の視点から、「人間の幸福とは何か」について探究していく学問です。

ですから、人間幸福学部で学ぶ学生は、「人間の幸福」という根源的なテーマを軸にして、実に幅広い分野の授業を履修することで、広範な教養を身に付けることができます。

こうした人文系の学問は、従来の大学であれば、文学部や人文学部といった学部に置かれた哲学科、心理学科、歴史学科といった個別の学科で教えられてきました。しかし、そうした個別の学科では、細分化された学問を専門的に学ぶことはできても、複雑化する現代社会の問題を把握し、解決していく力は身に付きません。

大川隆法総裁は、『幸福の科学大学創立者の精神を学ぶⅡ（概論）』の中で、「それぞれの専門家が〝小さな虫のような目〟で見ているものに対し、〝全体を鳥瞰した目〟で見えるような学問的な力が必要でしょう」と、「学問の細分化」が進む現状に対し、「諸学問の再統合」が必要であると述べられています。

人間幸福学は、「人間の幸福」という観点から諸学を統合し、専門分化した学問では解決できない、国際紛争、宗教対立、エネルギー・食料問題、環境問題といった諸問題を解決し、人類の幸福増進に貢献することを目指しているのです。

もちろん、この壮大な取り組みは始まったばかりですが、その基盤となる広大な仏法真理は大川隆法総裁によってすでに説かれています。学問と教育への情熱にあふれた教員陣も、熱心な学生たちも、その活動を開始しています。人類幸福化に貢献したいという情熱を持った多くの方々に入学してきていただきたいと願っています。ともに人類の幸福な未来を拓いていきましょう。

人間幸福学部は、宗教としてのメインの部分です。私は、最初にこの学部をつくりたくて大学事業に着手したのです。

（『光り輝く人となるためには』第1章より）

語学力と国際教養が あなたと世界の未来を変える

人間幸福学部は２年次から人間幸福コースと国際コースに分かれて学修が進む。幸福の科学教学と人文系の諸学を広く学ぶことは共通しているが、特に国際コースでは、高い英語力と英語で情報発信するための教養やスキルを鍛えていく。国際コースの責任者であり、全学の語学教育の責任者も務める松本泰典プロフェッサーに、HSU の英語教育と国際コースの特長について聞いた。

1954年生まれ。ロンドン大学School of Oriental and African Studiesで文化人類学修士、University College London同博士課程中退。1995年、幸福の科学に奉職。ハワイ支部長、ハワイ精舎研修部長、国際本部指導研修局長等を経て、現在、ＨＳＵ 人間幸福学部プロフェッサー。アメリカ、カナダ、イギリス、インド等、14カ国での英語説法の経験があり、ウガンダでは5000人の聴衆の前に英語で講義。おもな著書に『TOEIC990点満点到達法』、共著書に『夫婦でTOEIC990点満点対談』（いずれも幸福の科学出版）等がある。

学部・コースを問わず英語力を伸ばせる環境

――開学当初より、ＨＳＵでは英語教育に全学的に力を入れています。まず全学的な英語教育の取り組みについて教えてください。

松本　私はＨＳＵの仕事に携わる前、幸福の科学の国際本部という部署で、海外伝道や海外信者の養成に関わる仕事をしてきました。

海外伝道の経験を通して強く感じているのは、幸福の科学は決して日本のローカルな宗教ではないということです。言うまでもないことかもしれませんが、大川隆法総裁の教えは世界に向けて発信され、幸福の科学という教団も世界中で活動を展開しています。エル・カンターレは地球神ですから、私たちの救世運動は、そもそも世界が相手なのです。

ですから、ＨＳＵで学ぶ学生たちの活躍の場も、学部やコースを問わず、世界に広がっていくはずです。国際伝道師だけでなく、大企業を創る起業家や、正義を実現する政治家やジャーナリスト、芸能やエンターテインメントの力で新たな文化を開花させる芸能人やクリエーター、新たな未来産業を創出する研究者や技術者等は、世界でも必要とされているのです。

そう考え、ＨＳＵでは全学的に英語教育に力を入れています。1年次の英語総合プログラムは全学必修で、しっかり「使える英語」の足腰を鍛えていきますし、2年次以上でも、全学共通の上級英語の科目群を置いていますので、どの学部・コースに属していても、自分のレベルに合った英語学修を続けていくことが可能です。また、1年生から4年生まで、すべての学生に、年2回のＴＯＥＩＣ受験が必須となっていて、英語学習の成果を図っています。
第二外国語も、学部・コースを問わず、「スペイン語」「ポルトガル語」「ロシア語」「フランス語」「ドイツ語」「中国語」の6言語を選択して学べます。

ＴＯＥＩＣ満点は誰でも到達できる

――ＨＳＵの入学希望者にも「英語は苦手」という方は少なくないようです。松本プロフェッサーは、著書『ＴＯＥＩＣ990点満点到達法』の中で、「英語の苦手意識は必ず克服できる」と述べていらっしゃいますが、「英語は苦手」という方にメッセージをいただけますか。

松本　中学、高校で英語が苦手科目だった方でも、社会人になってから英語を学んで錆（さ）びついているという方でも、英語アレルギーで外国の人と話すのが怖いという方でも、安心してください。大丈夫です。

大川隆法総裁は、さまざまな経典の中で、「語学に天才なし」と、繰り返し語っておられます。私は、この言葉の意味を、「生まれながらの語学の達人はいない。語学の上達には、ひたすら努力精進をすることだ」と理解しています。
「語学に天才なし」という言葉は、裏を返せば、「語学の才能がない人はいない」ということだと思うのです。「どんなに勉強しても英語はできるようにならない」と考えている人は多いかもしれませんが、それは何の根拠もない思い込みです。
実際に、ＨＳＵではＴＯＥＩＣのスコアを1年間

で200点や300点伸ばす学生は決して珍しくありません。中には400点、500点と伸ばす〝強者（つわもの）〟もいます。高校まで英語が大の苦手で成績もクラスで最下位に近かったのに、HSUに来て英語の勉強が好きになって、TOEICのスコアが900点を超えたという女子学生もいます。

彼女を変えたのは、「私たちには、この教えを世界に伝える使命があるのだ。だから英語を学ぶのだ」というHSUの英語教員の情熱だったと聞いています。教える側にも、学ぶ側にも使命感があるからこそ、奇跡のように英語力が伸びていくのだと思います。

私は、英語学習の一番の難所は、あきらめてしまっている自分の重い腰を持ち上げることだと考えています。本当は前に進みたい自分に対して、「どうせ、自分なんて」といった自らの思いが〝足かせ〟になっているのです。そこさえ突破してしまえば、あとはプログラムに沿って努力を重ねていくのみです。努力が必ず成果に結びつく英語学習は、あなたの自己認識を変え、人生観を変え、あなたに知的幸福と新たな発想、そして世界に開かれた活躍の場を与えてくれるでしょう。

実は、TOEIC990点満点は誰でも到達できます。HSUの学生には、むしろ満点の「先」にあるものを目指してほしいと願っています。

「プロの国際人」を目指す国際コース

――TOEIC満点の「先」にあるものとは、どのようなものでしょうか。

松本　たとえば、TOEIC等、英語の試験はよくできても、英語で議論が交わされている場に、うまく参加していけない日本人は多いようです。

英語力とは、つまるところ英語でコミュニケーションをとる能力ですから、いくら試験でよい成績をとったとしても、それを使って意見を発信したり、仕事を進めたりしていけなければ意味がありません。

私は、英語でのコミュニケーションについて、よく学生に対して、「ミーティングやディスカッションの場では"contribute"（貢献）するために発言しよう」と言っています。日本人の私たちは、「発言することで自分がどう思われるか」とか「きちんと発言しないと意見がないと思われる」等と考えがちですが、これは自己中心的な思いだと言えます。

そうではなく、交わされている話題について、自分に貢献できることがあれば「与える愛」の観点から話に割って入ればいいのです。自分のためではなく、その場に自分の意見だったり、知識だったりを投げ込んで、話が深まったり、盛り上がったりすることに貢献しようとするわけです。こうしたマインドの切り替えで、英語で交わされる議論にも参加できるようになっていきます。

特に国際コースでは、人間幸福学部としての幸福の科学教学と人文系諸学をしっかり学びながら、こうした英語によるコミュニケーションの技術や、ディベート、プレゼンテーション等の技術もしっかりと学んでいきます。

そして、「プロの国際人材」の英語を身に付けるため、大川隆法総裁編著の英語教材「黒帯英語シリーズ」を学んでいきます。大川隆法総裁は「黒帯英語」によって、私たちを教養の高い英米人を凌駕（りょうが）する英語力のレベルに引き上げようとされています。それは時事英語の枠をはるかに超え、「教養を含む英語」や「ネイティブ感覚の英語」を併せ持つ、プロフェッショナルとしての国際人材の英語です。

ＨＳＵではどの学部でも英語力を鍛えていけますが、特に国際伝道師として活躍したいという人、異文化コミュニケーション能力と国際教養を徹底的に鍛えたいという人は、ぜひ国際コースを目指してほしいと思います。

国際コースは、国際伝道師になれるレベルの人を育てるカリキュラムになっています。（中略）**国際関係の仕事で実際に働いている人たちを超えるぐらいまで行きます。**

（『光り輝く人となるためには』第１章より）

経営成功学部

富と繁栄をもたらす、企業家精神あふれる人材となる

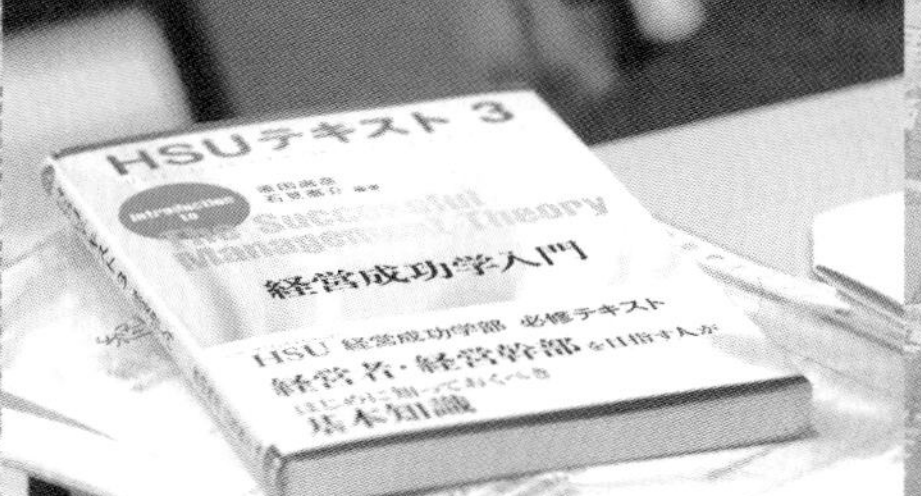

経営成功学部では、経営系・成功系の「幸福の科学教学」と、従来の経営学の学修を通して、信仰心篤く、創造力・実践力と企業家精神にあふれた経営人材やビジネスリーダーの養成を目指す。

また経営に関する学びに加え、法学、経済学なども幅広く学び、社会が抱える経済上の諸問題について、幅広い視点から問題解決する能力を育て、企業や国家、ひいては世界の繁栄に貢献する人材を輩出する。

新時代の繁栄を追究し、起業家として大成功したい方、企業等の経営幹部として活躍したい方は、ぜひ、経営成功学部で自分を鍛え抜いてほしい。

●経営系と成功系の「幸福の科学教学」を学び尽くす
●創造力・実践力と企業家精神を育む
●企業や国家、世界の発展に貢献する人材となる

専門教育の内容

幸福の科学の経営論とともに、従来の経営学もふまえた経営実践のポイントを学び、「仕事のできる人材」を目指す。

■幸福の科学経営論領域

経営成功学入門、幸福の科学成功論、経営成功総論（『経営入門』『社長学入門』他）、経営成功特論（一倉定、松下幸之助、ドラッカー）など

■経営学領域

経営学概論、会計学概論、経済学入門、マーケティング、人的資源管理論、経営情報論、簿記論、金融論、財務分析入門、財務会計論、中小企業論、地域経済論、経済政策など

■創造実践科目

ビジネススキル、クリエイティブ経営論、ファッションビジネス論など

■サクセスプロジェクト

利他・顧客重視プロジェクト、ビジネス創造プロジェクトなど

経営成功学部
ディーン

鈴木真実哉（すずきまみや）

世界に富と繁栄をもたらす大企業家を目指そう

幸福の科学の多様な教えの中でも、富や豊かさに関する教え、経営の教えは、多くの経営者やビジネスパーソンを惹きつけ、精舎研修等でも熱心に学ばれてきた。HSUの経営成功学部では、その幸福の科学の発展・繁栄の教えをベースに、従来の経営学、経済学も踏まえた実践的な学びを進めていく。ディーンを務める鈴木真実哉氏に、経営成功学部の目指すものを語ってもらった。

1954年生まれ。早稲田大学政治経済学部経済学科卒。同大学大学院経済学研究科博士後期課程単位取得後退学。聖学院大学政治経済学部教授等を経て、現在ＨＳＵ経営成功学部ディーン。専門の金融論のほか、理念経済学やシュンペーター、ハイエクを研究。おもな著書に、『理念経済学が日本を救う』（HSU出版会）、『格差社会で日本は勝つ』（幸福の科学出版）、『カオスの中の貨幣理論』（共著、雄松堂出版）、『金融入門』（共著、昭和堂）等。

新しいビル・ゲイツ
スティーブ・ジョブズを輩出したい

――HSUの今年の入学式の御法話「光り輝く人となるためには」の中で、大川隆法総裁が、「三十年後の日本の大企業をつくる人を、ぜひとも、経営成功学部の卒業生のなかから出したい」と述べられました。経営成功学部はどのような人材を養成しようとしているのか、教えていただけますか。

鈴木　今年の入学式の御法話で、大川隆法総裁は「新しいビル・ゲイツやスティーブ・ジョブズを輩出したい」と説かれました。世界に大きな雇用を生むような、巨大企業をつくる人を育てたいということです。

この御法話では、「二十五年間も経済停滞して発展が止まっている日本を再起動させる必要があり、それを担うのがHSUで学ぶクリエイティブでプロダクティブな人材である」とも説かれています。

経営成功学部では、そのような人材、特に企業経営において傑出した成果を上げる企業家を多数輩出したいと考えています。真の資本主義精神の体現者を一人でも多く世に送り出したいのです。

また、停滞する日本経済のみならず、世界に目を向ければ、いま地球は人口100億人時代に突入しようとしています。100億人の人間が豊かに暮らしていくためには、それだけの富と経済繁栄が必要です。「貧困」を撲滅し、世界に富と繁栄をもたらすことは、人類幸福化の重要な使命です。

企業や国家の発展・繁栄を通して、現実の問題を解決する人材を輩出するのが、経営成功学部の使命だと考えています。

──地球人口が１００億に向かう中で、具体的には、どのような問題が出てくるのでしょうか。

鈴木　まず、食料と資源をどのように調達するかという問題があります。また限られた土地をどのように活用するか。発展途上国の人口が急増する一方で、先進国の人口が減っているという現実をどのようにバランスさせるか。地球規模での経済繁栄を実現するために、次にどのような基幹産業をつくる必要があるのかといった問題もあるでしょう。

　課題は山積していますが、解決の主役になるのは「企業」であり、「企業家」です。企業家による新たな「産業の創出」「雇用の創出」が世界を繁栄に導く鍵となるのです。

経済を発展させるマインドとは

──今年、鈴木ディーンの御著書『理念経済学が日本を救う』が発刊されました。この中で、「愛国心」「向上心」「信仰心」が、経済発展の鍵だと述べられています。なぜ、これらの精神が経済を発展させるのか、ご説明いただけますか。

鈴木　簡単に言うと、「社会主義的な考え方では、経営は成功しないし、経済も発展しない」ということです。「愛国心」「向上心」「信仰心」は、すべて「社会主義」の対極にあるものです。

「愛国心」とは、「国から何をしてもらえる

か」と国に〝たかる〟のではなく、「国のために何を成すことができるか」を考える心です。

「向上心」とは、「努力して豊かになろう」とする心であり、努力や創意工夫によって得られた富を肯定する心です。もっと言えば、努力を〝公平〟に評価し、「格差」を是とする心です。「格差」を悪と見なすのは、社会主義の呪縛であるのです。悪平等の思想から、繁栄は生まれません。

そして「信仰心」は、神の栄光を地上に現そうとする心です。ＨＳＵの建学の理念は、「幸福の探究と新文明の創造」ですが、そもそも文明というのは、固有の宗教を基盤として、経済的に繁栄しているところに生まれます。宗教と経済的な繁栄は密接な関係があるのです。「唯物論の文明」とか「社会主義の文明」など存在しません。富や豊かさは、神の栄光の現れだからです。

日本は二十五年も経済停滞して発展が止まっていますが、人々の「愛国心」「向上心」「信仰心」が高まっていくことで、この国に根深く広

がる「社会主義の呪縛」が解かれ、日本は再び「自由からの発展」を開始するはずです。

日本は潜在的に大きな力を持っている国ですが、教育や農業、航空等、統制的な業界は数多く残っており、大きな既得権益を守るための岩盤規制が、発展を阻害しています。その壁を突き崩すのは簡単ではありませんが、見方を変えれば、それだけ発展の余地があるということでもあります。

経営成功学部から、こうした壁をぶち破って大成功する企業家を数多く輩出したいと思います。

神仏を前提とした経済学、経営学を

――「愛国心」「向上心」「信仰心」は、個々の企業家が事業を成功させていくために必要なマインドであるとも言えそうですね。

鈴木 その通りです。「世界から尊敬される日本を創ろう」と志すこと、「人間は無限に成長していける」と確信していること、「神の栄光を実現しよう」と願うこと、これらは個人が成功するためにも、非常に大切な心の姿勢です。

特に大切なのは「信仰心」です。神仏の世界は明るくて豊かな世界です。神仏の心を心として生き切ることができれば、それは心の中だけでなく、行動に表れ、結果に表れてきます。

また信仰があれば、自分の繁栄がより多くの人の繁栄につながるよう願うことができます。そうした人が成功し、豊かになっていくことで、この世界は少しずつよくなっていくはずです。

しかし、残念ながら既存の経済学や経営学の中には、神仏という言葉は一切出てきません。神

三十年後の日本の大企業をつくる人を、ぜひとも、経営成功学部の卒業生のなかから出したいと思っています。

（『光り輝く人となるためには』第1章より）

仏を前提とした経済学や経営学はないのです。しかし、文明が宗教と密接に関連しているように、経営者にも神仏を信じて経営している人は数多くいます。実際の経済や経営は、人々を現実に動かしている信仰心と深く関係しているのです。神仏の存在を前提とした経済発展や経営成功について探究する、新たな学問の登場が必要です。

経済学の本質は、「どうすれば富を生み出し、価値を生み出し、かつ人々が生きがいという希望を見出すことができるか」ということです。それを、今日（こんにち）の経済の主体となる企業の繁栄論を中心に探究していく必要があります。

経営成功学部では、富の創出を通して人類の幸福を実現する新たな学問の構築とともに、実際にそれを実現させる企業家の輩出を目指します。「俺が世界を食わせてやる」という大きな志を持つ方に、ぜひ入学してきてほしいと願っています。共に繁栄の未来を切り拓いていきましょう。

経営成功学部
プロフェッサー
石見泰介（いわみ たいすけ）

経営の神様から学ぶ信仰経営の原点とは

経営成功学部の学修内容は多岐にわたるが、同学部の代表的な科目の「経営成功特論Ⅰ」「同Ⅱ」では、経営成功学の理論的支柱ともなっている「一倉定」「松下幸之助」「P. F. ドラッカー」の経営理論をじっくりと学ぶ。同学部のプロフェッサー、石見泰介氏に、新刊の著書『ＨＳＵテキスト20 松下幸之助の経営論』を引きながら経営成功学の特長について語ってもらった。

1962年生まれ。筑波大学第三学群社会工学類卒業（経営工学専攻）。日本大学大学院総合社会情報研究科修士課程修了、修士（国際情報）。筑波大学在学中から学習塾を経営し、卒業後は大手経営コンサルタント会社にて最年少営業所長に抜擢される。1991年、幸福の科学に奉職。精舎活動推進局 経営研修担当等を歴任し、300社以上の経営相談を受ける。総本山・未来館館長を経て現在、ＨＳＵ経営成功学部プロフェッサー。『ＨＳＵテキスト20 松下幸之助の経営論』『ＨＳＵテキスト9 幸福の科学成功論』等、著書多数。

「発展の原理」に基づく経営分野の新しい学問

――ＨＳＵでしか学べない経営成功学とはどのような学問なのか、教えていただけますか。

石見　幸福の科学では、基本教義として「幸福の原理」を提唱しています。幸福の原理は、「愛」「知」「反省」「発展」の四正道によって構成されますが、「経営成功学」は、主に「発展の原理」に位置付けられます。

　とはいっても、「愛」「知」「反省」との関連性を考えることも大切です。経営を通して人々を幸福にすべく「愛」を実践し、経営や技術の「知」を活かし、経営判断を間違えたら「反省」して軌道修正する。その結果、事業の繁栄という形で「発展」が実現するのです。

　この幸福の科学の教えをベースに、実践的な経営の智慧を加えて体系化したものが、「経営成功学」です。宗教思想をベースとした「人間学」と、実践的な経営ノウハウである「採算学」を統合した、経営分野の新しい学問です。

――今年の6月に発刊された御著書『ＨＳＵテキスト20 松下幸之助の経営論』は、経営成功学の中では、どのような位置付けになるのですか。

石見　経営成功学部の専門教育では、「幸福の科学経営論領域」と、「経営学領域」といってマーケティングや財務分析等、既存の経営学に関する科目の両方を学んでいきます。その他、会計学の発展科目や、経営に関する法律を学ぶ科目も数多くあります。

　その中で、経営成功学の特長的な科目として、

3、4年生が受講する「経営成功特論Ⅰ」「同Ⅱ」があります。この科目は、経営成功学の理論的支柱にもなっている一倉定、松下幸之助、ドラッカーの経営理論を学んでいきます。『HSUテキスト20 松下幸之助の経営論』は、この科目の授業で使うテキストです。

松下幸之助の経営思想に関する本は、数多くありますが、経営成功学という新たな枠組みで捉え直し、松下幸之助の経営論を整理して解説したという点で、本書は類のないテキストになっています。

松下幸之助に見る信仰経営の遺伝子

――経営成功学の視点から松下幸之助の経営思想を見るとは、どのようなことなのでしょうか。

石見　経営成功学は、「信仰の大切さ」を大前提としながら、経営において「必ず成功する」という方法があるのかを探究して、「百戦百勝を目指す新しい経営学」です。松下幸之助は「商売は真剣勝負」「商売は適正な利益を出し続けなければいけない」と語っていて、こうした点に経営成功学の原点を見ることができるのです。

また御本人も意識していなかったと思いますが、松下幸之助の経営思想の中には、四正道にあたる内容が数多く見られます。

「〝与えられる〟よりみずからが〝与える〟という考えでいかねばならん」と、「愛」について述べていたり、「信仰するということは、神を知るということやな。宇宙根源の力を知るということや」と、神を知るという「知」の大切を語っていたりしています。

「反省」については、「静かな反省というものを持たないところから失敗は起こる」と述べていますし、「発展」については、「自由のもとにお互いが正しい意味での競争をすることができるということこそ、人間の本性にもとづいた繁栄、発展の原理だと思う」と語っています。

　松下幸之助は明確に信仰を持っていました。「根源の社（やしろ）」という「宇宙の根源」を祀った社の前に座り、祈りを捧げてから日課にかかっていたと言います。宇宙には生成発展の法則が働いており、経営判断もこの法則に則って、自社の発展が社会の繁栄や幸福につながるよう、「素直な心」で行わなければならないと考えていました。

　現在、天上界の松下幸之助霊は、指導霊として幸福の科学やＨＳＵをご指導くださっていま

すが、おそらく生前の松下幸之助にもエル・カンターレ系霊団からの指導が降りていたのではないかと思います。

私は長年、幸福の科学の精舎等で、経営者向けの研修で講師を務めたり、経営者の相談に応じたりしてきましたが、信仰を経営に活かすのはそう簡単ではないと感じていました。信仰を持つ経営者は数多くいますが、松下幸之助のように信仰を経営に活かすことができる経営者は少ないのです。松下幸之助の経営論で、もっとも学ぶべきは、この「信仰経営」とも言うべきものだと思います。

経営成功学は結果への責任を含んでいる

――松下幸之助の経営思想だけをお聞きしても、経営成功学部でなければ学べない内容だということが分かります。他にも、経営成功学部の学びの特長について教えていただけますか。

石見　「経営成功特論」で学ぶ経営理論には、他に一倉定とドラッカーの経営理論があります。一倉定の経営論は、創業間もない零細企業や外部環境の変化に影響を受けやすい中小企業にとって、「危機突破」「倒産防止」の社長学として大切な内容です。

また、ドラッカーの経営理論では「組織のマネジメント」について徹底的に学びます。事業の規模や企業の発展段階に応じて、これらの経営理論を実践において使い分けられるように、考え方を整理して学んでいきます。

経営成功学に関する科目は、この他に「経営成功学入門」「幸福の科学成功論」「経営成功総論」「経営成功実践教学」といった科目があり、共通するのは、従来の経営学ではほとんど学べなかった「帝王学」が学べたり学修する内容が極めて実践的であることが特長です。

大川隆法総裁は、経典『「経営成功学」とは何か』の中で、『経営成功学部』においては、『経営』に『成功』という言葉を付けたわけですが、これは『結果に対する責任』が入っていることを意味しています」と説かれています。

既存の経営学が、いろいろな会社の経営について分析したり、経営学者の学説を辿っていったりするものが多い中で、経営成功学には、「経営は成功しなければならない」という価値判断が入っているのです。

ですから、「経営に成功したい」という方、「松下幸之助のように宇宙の富を引き寄せて、世界中を豊かさで満たしたい」という高い志を持つ方は、ぜひＨＳＵの経営成功学部を目指していただきたいと思います。ここにしかない実践的な学びが待っています。

「経営成功学」には、「結果において、『成功しない経営』というのは望ましくない。結果において成功していただきたい」という価値判断が一つ入っているのです。

（『「経営成功学」とは何か』第1章より）

未来産業学部

宇宙の秘密を明かし、未来文明の源流を創造する

未来産業学部は、その名の通り、未来の新しい産業を担う創造的人材を養成する理系の学部である。

機械工学・電気電子工学・情報工学を中心に、物理学・化学・生物学等の理学、および宇宙工学やプラズマ工学、食品科学等の先端分野について幅広く学び、さらに技術経営も学んで企業家精神を磨いていく。

特に実践的な創造力を養成するため、1年次から実習科目に力を入れており、「超小型衛星システム開発」「電気自動車」「植物工場」等から、学生が関心のあるテーマを選んで実習を行う。学生の研究活動も盛んで、大学院レベルの研究成果を学会発表する学部学生が何人も誕生している。

●未来を拓く理工系の知識・技術を学ぶ
●充実の実習科目で創造力を鍛える
●新産業の創造を志す理系人材となる

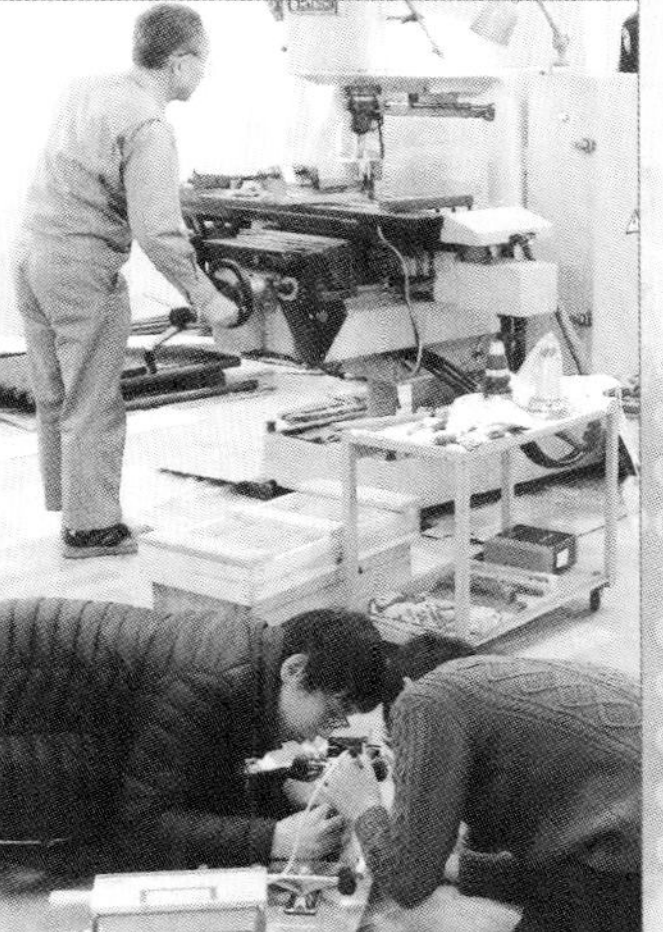

専門教育の内容

２年次以降は、機械系、電気電子系、化学・生物系、理論物理系の各履修モデルを参考に、各自の希望に応じた科目を選択し、学修を進める。

■幸福の科学教学領域

未来産業教学（宗教と科学、発明学、創造学など）、未来科学教学（高次元宇宙論など）、未来産業ゼミ（近未来に実現可能な技術の考察）、未来科学ゼミ（未知の領域の探究と実証方法の考察）

■工学領域

機械科目、電気電子科目、情報工学科目、先端技術科目、実験実習科目

■理学領域

数学科目、物理学科目、化学・生物学科目

■技術経営領域

技術経営論、技術経営手法、技術経営ゼミなど

短期特進研究課程（２年制）

未来産業学部の先進的研究に参加する２年制の課程。通信による指導も受けられる。

アドバンストコース(2019年4月予定)

未来産業創出のための研究をさらに進めるための大学院にあたるコース。

未来創造学部
ディーン
福井幸男（ふくいゆきお）

地球人口
100億人に向け
新たな科学で人類を救う

工学系の科目を中心に、理学系、技術経営等、幅広い分野を学ぶ未来産業学部。同学部のディーンである福井幸男氏は、筑波大学名誉教授でもあり、長年、国立の研究所や大学で研究と教育に携わってきた。幸福の科学大学の計画段階から未来産業学部の構想づくりに関わってきた福井氏に、同学部のミッションと魅力を語ってもらった。

1950年生まれ。1985年東京大学大学院工学系研究科機械工学専門課程（博士課程）修了。博士（工学）。大手総合電機メーカーや通商産業省工業技術院製品科学研究所研究員、同省生命工学工業技術研究所主任研究官を経て、1998年から筑波大学教授電子・情報工学系、同大学大学院システム情報工学研究科コンピュータサイエンス専攻教授、同大学システム情報系教授を歴任。2014年、筑波大学名誉教授となる。ＨＳＵ未来産業学部ディーン。著書に『「未知」への挑戦』（幸福の科学出版）がある。

新たな科学と技術で未来文明の源流をつくる

――ＨＳＵのなかで未来産業学部が担っているミッションについて教えてください。

福井　未来産業学部はＨＳＵで唯一の理系学部です。「宇宙の秘密を明かし、未来文明の源流を創造する」ことをミッションとして掲げています。

ほんの50年前には30億人だった世界の人口は、今やその倍以上の70億人を超えています。そして、国連の予測では、２０５０年にはおよそ98億人と予想されています。もうすぐ人口１００億人時代が到来するのです。そうしたなかで起きてくると予想されるのが「食糧問題」や「エネルギー問題」です。

未来産業学部は、こうした人類に迫っている危機を真正面から受け止め、新たな科学や技術の力で新産業を起こし、乗り越えていこうとチャレンジしています。人類の危機を救い、新たな文明を拓く科学者、技術者を輩出していきたいと考えています。

大きな理想を描きながらも、工学系の科目を中心に理学系の科目、技術経営等も、しっかりと体系的に学び、理系の幅広い知見を持つ人材を養成します。

実習科目に力を入れ研究活動にチャレンジできる

――一般の大学の工学部をはじめとする理系の学部と比べて、学修内容にどのような特長があるか、教えてください。

福井　ふつう、大学の工学部の専門教育では、1・2年次は数学や物理学の座学がほとんどです。一方、HSUでは1年次から専門的な産業技術に直接触れることができます。

　1年次の「産業技術入門実習」では、「ヒューマンインタフェース」「レゴロボット」「プラズマ応用」「植物工場」「宇宙工学」「電気自動車」「化学実験」の7つのテーマから2つのテーマを選択して実習を進めていきます。実習で産業技術に触れることで、座学へのモチベーションもあがります。産業技術を知らないまま、たとえば数学や物理の学びを進めても、これがなんのために必要なのか、なんの役に立つのかということはなかなか分かりません。しかし、実際に実習で何かをつくるための〃道具〃として数学や物理が必要だということになれば、座学への取り組みも真剣になってきます。

　カリキュラムとしては、「機械システム分野」「電気電子システム分野」「化学・生物分野」「理論物理分野」の4つの分野をそれぞれ中心に学ぶ履修モデルを用意しており、多くの選択科目の中から自分の興味関心に応じて履修することができます。また、やる気のある学生には、授業とは別に、教員からゼミ形式で指導を受けられる機会も準備しています。

　また、既存の理系学部にはない特長として「技術経営論」「情報管理理論」「リスクマネジメント」等の技術経営科目や、経営成功学部の授業の履修を通して、企業家精神を高めようとしている点があります。新しい発明等ができても、それを単なる発明に終わらせるのではなく「この産業を育て

れば、いかに大きな富になるか」ということを企業や行政等に説得し、経営者と協調して産業へと育てていかなければならないからです。

——研究活動にチャレンジできることが魅力だと聞きましたが、他の大学とはどこが違うのでしょうか。

福井　多くの理系学部では、卒業研究を進めるために4年次に研究室に配属され、そこで初めて研究がスタートします。しかし、HSU未来産業学部では、自分で研究したいテーマがあれば、関連する教員の研究室で教員の指導の下、研究を進めることができます。1年次から研究を進められるので、すでに学会発表する学生も多数出てきており、なかには学会から表彰された学生もいます。HSUでは学部の段階から、大学院の修士や博士課程で行っているレベルの実績を積んでいる学生が多数います。また、特許を申請する学生も出てきています。

理系の幸福の科学教学で構想力・発想力を磨く

――幸福の科学の教えの中には、未来の科学や産業について説かれたものも数多くありますが、これらの教えは、教育研究にどのように活かされているのでしょうか。

福井　そうですね。大川隆法総裁は来るべき未来を切り拓く科学の方向性を明確に指し示してくださっています。

未来産業学部では、「創立者の精神を学ぶⅠ・Ⅱ」等の幸福の科学教学の科目を他学部と同様に全員履修しますが、それだけではなく、理系分野の仏法真理を体系化した「未来産業教学」や「未来科学教学」を学ぶことができます。

現代科学は行き詰まりを見せています。その理由は、唯物論をベースとして物質の世界のなかだけを探究しているからです。しかし、ニュートンやアインシュタイン等の一流の科学者と言われた方々は、「神が創られた世界であるならば、このようになっていなければならないのではないか」と考え、新たな科学技術を開発し、その当時の常識では〝魔法〟のようにも思える発明を通して、人類の文明を切り拓いてきたのです。

私の著書『「未知」への挑戦』でも述べましたが、「この世と霊界との関係を探究することで、神の創造された宇宙の神秘が、少しずつそのベールを脱ぎ、やがて真実の世界が明らかになっていく」ので

す。神や霊界という未知なるものを受け入れるなかに、科学の未来はあるのです。

とりわけ「未来産業教学」や「未来科学教学」では、神の存在を前提として、大川隆法総裁の指し示す未来科学の方向性を学びます。現代科学では決して発想が出てこないであろう未来産業の種を知ることができるのです。科学者を志す者にとって、これ以上の「発想の源」はありません。学生たちも夜遅くまで生き生きと研究に励んでいますが、大川隆法総裁の指し示す未来ビジョンに心動かされずにはいられないのでしょう。

新たな科学や技術を拓き、未来産業の創出、新文明の建設に貢献したいという方は、ぜひ未来産業学部で学んでいただきたいと思います。

未来産業学部は、今、まさしくこれからの「日本の新しい未来産業の〝種〟」になるものをつくろうと努力しています。（中略）その〝種〟を発芽させて大きくしたら、次の産業が出きてくるという、「もとになるもの」を発見していただきたいですし、それを育てていただきたいのです。

（『光り輝く人となるためには』第1章より）

未来産業学部
プロフェッサー

佐鳥新（さとりしん）

宇宙工学の先にある未知なる世界を探究したい

「幸福の科学」の理論的、体系的な教えは、教団の草創期から多くの科学者を惹きつけてきた。未来産業学部には、長年、仏法真理を熱心に学びながら、大学の教育・研究に携わってきたプロフェッサーが集まっている。その一人、宇宙開発の第一線で活躍する佐鳥新氏に、HSUでの実践的な研究・教育の取り組みと、ここから生まれる新たな科学の可能性について聞いた。

1964年生まれ。北海道科学大学工学部教授。大学発ベンチャー・北海道衛星株式会社代表取締役ほか、宇宙工学分野で幅広く活躍。宇宙科学研究所（現ＪＡＸＡ／ＩＳＡＳ）で小惑星探査衛星「はやぶさ」のイオンエンジン開発に従事した。東京大学大学院工学系研究科航空宇宙工学専攻で反物質推進の研究で博士号を取得している。ＨＳＵ未来産業学部プロフェッサー。著書に『科学が見つけた神の足跡』（幸福の科学出版）がある。

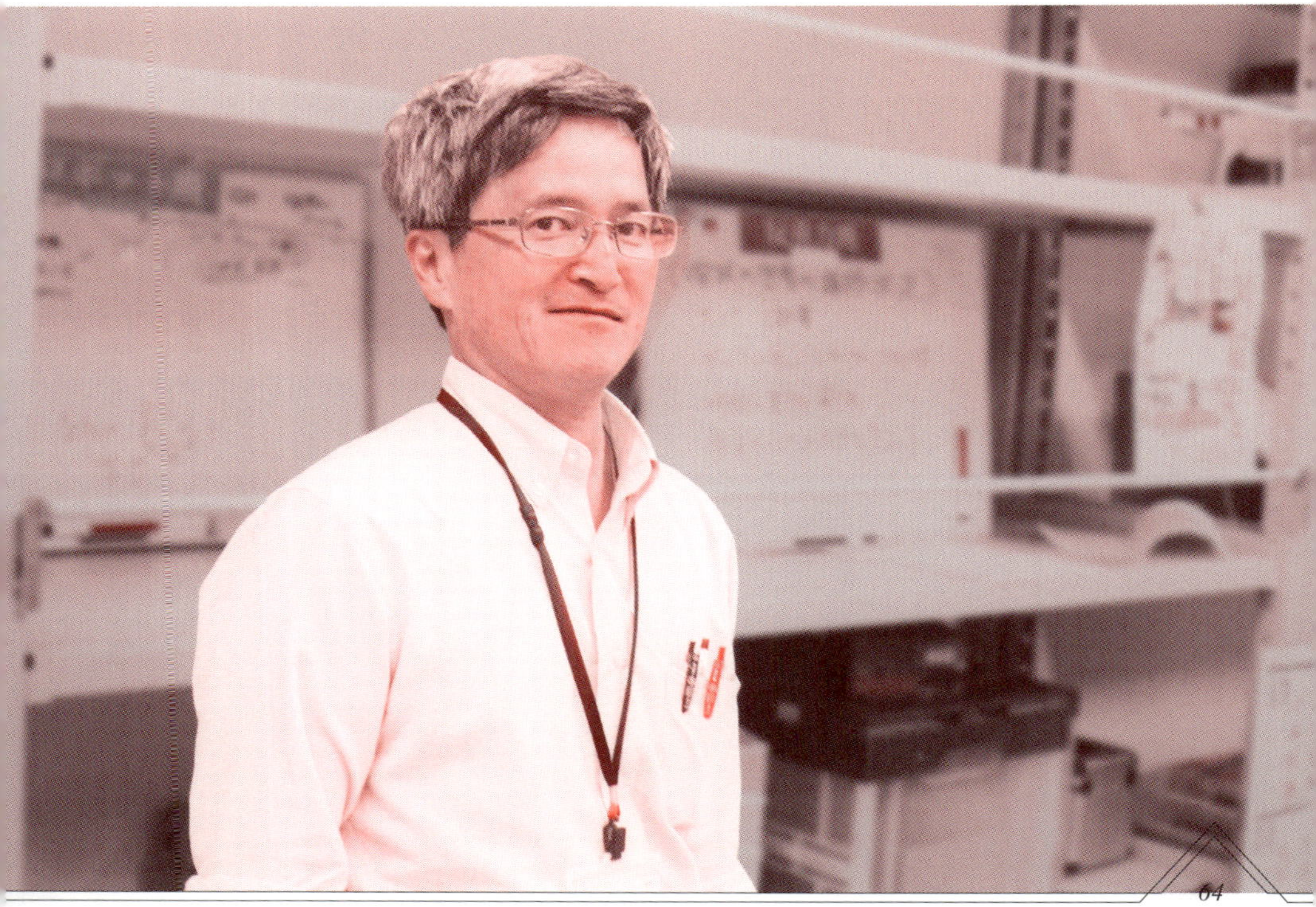

郵便はがき

料金受取人払郵便

赤坂局
承認

9429

差出有効期間
平成31年2月
28日まで
(切手不要)

1 0 7 - 8 7 9 0

112

東京都港区赤坂2丁目10－14
幸福の科学出版（株）
愛読者アンケート係 行

ご購読ありがとうございました。
お手数ですが、今回ご購読いただいた書籍名をご記入ください。

書籍名

フリガナ お名前	男・女	歳
ご住所 〒 都道府県		
お電話（　　　）　　－		
e-mail アドレス		
ご職業 ①会社員 ②会社役員 ③経営者 ④公務員 ⑤教員・研究者 ⑥自営業 ⑦主婦 ⑧学生 ⑨パート・アルバイト ⑩他（　　）		
今後、弊社の新刊案内などをお送りしてもよろしいですか？（はい・いいえ）		

愛読者プレゼント☆アンケート

ご購読ありがとうございました。今後の参考とさせていただきますので、下記の質問にお答えください。抽選で幸福の科学出版の書籍・雑誌をプレゼント致します。(発表は発送をもってかえさせていただきます)

1 本書をどのようにお知りになりましたか?

①新聞広告を見て [新聞名：　　　　　　　　　　　　　　　　　]
②ネット広告を見て [ウェブサイト名：　　　　　　　　　　　　　]
③書店で見て　④ネット書店で見て　⑤幸福の科学出版のウェブサイト
⑥人に勧められて　⑦幸福の科学の小冊子　⑧月刊「ザ・リバティ」
⑨月刊「アー・ユー・ハッピー?」　⑩ラジオ番組「天使のモーニングコール」
⑪その他 (　　　　　　　　　　　　　　　　　　　　)

2 本書をお読みになったご感想をお書きください。

3 今後読みたいテーマなどがありましたら、お書きください。

ご感想を匿名にて広告等に掲載させていただくことがございます。ご記入いただきました個人情報については、同意なく他の目的で使用することはございません。

ご協力ありがとうございました。

神が創られた「宇宙の神秘」と「ユートピア」を求めて

――佐鳥プロフェッサーは、小惑星探査衛星「はやぶさ」のイオンエンジン開発に携わったり、会社経営もされて超小型人工衛星やハイパースペクトルカメラの研究を進めてこられたりと、宇宙開発の第一線で活躍しておられます。未来産業学部を目指す方に向けて、ご専門の宇宙開発の分野の魅力や可能性について教えていただけますか。

佐鳥　HSUが開学した2015年に上梓した『科学が見つけた神の足跡』という著書にも書いたのですが、私は物心ついた頃から「宇宙」に心惹かれていました。宇宙の神秘性とともに、宇宙のどこかに存在するであろう高度に進化した未来社会に対して強い憧れを持っていたのです。ユートピアへの憧れといってもよいと思います。

大学では迷いなく物理学を専攻しました。幼い頃から心の奥に響く「宇宙」を探究するためです。その後、当時の物理学では、ユートピアへの道が見いだせず、大学院から宇宙工学に進路を変更しました。もっと具体的で人間臭い科学技術的なアプローチで、宇宙とユートピアを探究する道を選んだのです。

そうした背景を持っているため宇宙工学を専門としていますが、私の宇宙への関心は工学的なものだけでなく、創造主である神が取り決めた「大宇宙」の法則への憧れであるのです。このHSUにプロフェッサーとして就任し、信仰において同じ情熱と志を持つ人たちと、教育・研究活動に邁進できるのは、私にとって大きな喜びです。

学会でも評価される未来産業学部生の研究

――佐鳥プロフェッサーの大きな理想は、学生たちを大いに感化しているようです。学生の研究ではどのような実績が出ているのでしょうか。

佐鳥　私は授業とは別に、「宇宙工学研究会」というサークルの顧問をしています。そこで、課外活動にも関わらず積極的に研究を進める学生の指導にあたっていますが、学生の手によって、すでに手応えのある研究が進んできています。

一例をあげると、レーザー通信によって、地上と衛星を結ぶ高速通信の新技術の研究があります。この新技術が実用化できれば、一般的な電波を使う通信方法よりも、もっと高速に大容量

を送信することができるようになります。

医療系では、ハイパースペクトルカメラという特殊なカメラでガンの進行レベルを識別する研究も進めています。高精度センサーを搭載したカメラで細胞を撮影し、肉眼では分からないわずかな変化を捉え、発見困難な初期のガン細胞を識別するというものです。現在、北里大学と連携して、実用化に向けて研究を進めています。

また、脳波を使って〝思っただけ〟で機械を動かすブレイン・マシン・インターフェースの研究は、将来的には、身体障害のある方をサポートする装置等に転用できる可能性があります。

いずれも学生が進めている研究で、彼らの着眼点の鋭さや粘り強さには関心しています。

――企業との共同研究も進んでおり、昨年（2016年）は、特許も申請されたと聞きました。どのような研究内容か教えていただけますか。

佐鳥　産業廃棄物の再利用を手がける会社との共同研究で、アスファルトがどのくらい劣化しているかを簡単に測定する方法を発明し、特許申請したものです。

アスファルトは紫外線を受けると酸化反応を起こし、もろくなります。やがて風化して割れたりするので、古くなった道路は舗装しなおす必要があるのです。その時、古いアスファルトがどの程度劣化しているのか正確に評価できると、新しいアスファルトをどれくらい混ぜれば再利用できるのかといったことが分かり、道路を再生するコストを最低限に抑えることができます。

日本では高度成長期に整備されたさまざまなインフラの老朽化が進んでいて、道路の再生も大きな課題ですが、この技術が全国で採用されたら、日本中の道路を蘇らせることに貢献できると思います。

同じ志を持つ仲間と研究に打ち込める喜び

――佐鳥プロフェッサーから見て、ＨＳＵの素晴らしさはどこにありますか。

佐鳥　この共同研究についても言えることですが、「ユートピア建設に貢献したい」という社長の志があってこそ、技術的にも鋭い着眼となり、付加価値を生む発明につながったと言えます。

ＨＳＵでは学内の研究でも企業との共同研究でも、志が同じ仲間と共に研究に打ち込むこと

できうる限り宇宙の秘密を明かし、未来文明の源流を創造してほしいと願っている。

（『「未来産業学」とは何か』まえがき）

ができるのが大きな魅力だと思います。長年、宇宙開発の研究に取り組んできて感じるのは、世の中には優秀な人は数多くいますが、向かっているベクトルがバラバラだということです。その人自身の自己実現が目的だったり、「流行のテーマだからおもしろい」という動機だったり。しかし、HSUはそうではありません。大川隆法総裁の指し示す未来文明の源流を創るという方向にベクトルを合わせ、その未来から逆照射して「これからどうすべきか」と考える思考法は〝HSUならでは〟だと思います。

その中には、先ほどの特許出願の研究成果のように、現実の問題を解決する発明から、神の創られた「宇宙」を探究するものまで、幅広くあります。神の創られた「宇宙」は、当然、霊界をも含んでいますから、大川隆法総裁が、今年の入学式の御法話で、「未来産業学部の成果などによっても、あの世の世界の証明をしていただきたい」と説かれたように、未来産業学部の研究テーマは、仏法真理で示された霊界の多次元構造の解明や、それを足場とした宇宙航行技術やワープ航法の技術にも広がっていくでしょう。こうした研究は、仏法真理を基にした新しい科学を目指すHSUにしかできません。

未来創造学部

時代を変え、未来を創る主役となる

未来創造学部は、政治学やジャーナリズム、芸能文化、芸術表現等を幅広く学び、「真・善・美」に裏付けられた、人々を幸福にする政治・文化の新しいモデルを探究、発信する人材を養成する学部である。

政治家やジャーナリスト、ライター、キャスターなどの人材を養成する「政治・ジャーナリズム専攻コース」と、俳優やタレント、映画監督、脚本家等の人材を養成する「芸能・クリエーター部門専攻コース」の二つのコースを開設している。

両コースは、「創造性」「影響力」を駆使して多くの人々を幸福にし、新たな時代を創るという理念で統合されている。

●政治・文化の新たなモデルを探究する
●人の心をつかむ徳ある人材を輩出する
●世界の中心「東京」から、夢の未来を創る

専門教育の内容

1年次は千葉長生キャンパスで学び、２年次以降は未来創造・東京キャンパスで各コースの専門科目を中心に学んでいく。

【両コース共通】

■幸福の科学教学領域

未来創造学入門Ⅰ、同Ⅱ、大学シリーズゼミなど

■創造・表現

スピーチ・コミュニケーション、演技入門、クリエイティブ・マーケティング論

【主に政治・ジャーナリズム専攻コース】

■政治学

現代政治論、国際政治学、現代日本政治、日本政治外交史など

■法律学

法と宗教、法学入門、日本国憲法など

■経済学

経済学入門、経済思想、経済政策など

【主に芸能・クリエーター部門専攻コース】

■創造・表現

クリエイティブ入門、演技論、演出論、ダンス、ヴォーカル、映像制作など

■作品研究

映画作品研究、アニメーション作品研究など

■理論・歴史

エンターテインメント論、クリエイティブ芸術論、映画史、日本芸能論、西洋演劇史など

短期特進課程（２年制）

主に現役活動中の方や社会人等向けの２年制課程で、1年次から未来創造・東京キャンパスで授業を行う。

未来創造学部
ディーン

泉聡彦（いずみとしひこ）

「魅力ある人」を輩出する まったく新しい学部とは

本年（2017年）春、東京の東陽町にオープンしたHSU未来創造・東京キャンパスでは、HSU未来創造学部で、政治家やジャーナリストを目指す学生と、芸能人やクリエーターを目指す学生が、共に授業や実習に励んでいる。まったく異なる分野にも見える「政治」と「芸能」を統合する考え方や、未来創造学部が目指す「未来」について、同学部ディーンの泉聡彦氏に聞いた。

1971年生まれ。東京大学法学部第３類（政治コース）卒業、国家公務員Ⅰ種試験合格。1994年より幸福の科学に奉職。「ザ・リバティ」編集部、幸福の科学学園、精舎館長等を経て、現在、ＨＳＵ未来創造学部ディーン。編著書に『ＨＳＵテキスト７ 未来創造学入門Ⅰ（上）』『ＨＳＵテキスト12 未来創造学入門Ⅱ』（いずれもＨＳＵ出版会）等がある。

「政治」と「芸能」が〝同居〟するまったく新しい学部

――未来創造学部に、「政治・ジャーナリズム専攻コース」と「芸能・クリエーター部門専攻コース」が置かれている意味について、教えていただけますか。

泉　未来創造学部は、政治・文化（芸能）の新しいモデルを探究し、社会に影響力を持つ徳ある人材を輩出していくことを目指しています。

「政治・ジャーナリズム専攻コース」と「芸能・クリエーター部門専攻コース」の2コースが一つになっているのをみればわかるように、「政治」と「芸能」を一つの学部に融合させているところが、未来創造学部の最も大きな特長であり、魅力でもあります。

テレビ時代の現在、政治家は、選挙に通るためには政策に関する専門知識だけではなく、政策をうったえる力や人心を掌握する力、PR能力が必要です。また「政治は可能性の芸術」とも言われ、「政治を通してどのような未来を構築していくか」という「創造性」が求められる職業でもあります。ジャーナリストや言論人も人を惹きつける文章を書くことのできる能力が必要です。

「人の心をつかむ力」や「創造性」という面で芸能人と共通性があり、政治家やジャーナリストを目指す人も芸能分野から学ぶことで、多くの人々の心をつかむことができるようになるのです。

逆に、俳優や映画監督、脚本家等を目指す人にも政治的見識が求められます。芸能人は、人気が高ければ高いほど、多くの人々に影響を与えます。もし、そのような影響力の強い俳優や映画監督が、偏った思想や政治的見識でもって発言したり、映画を制作したりすれば、多くの人々を間違った方向へと連れて行きかねません。

俳優や映画監督が正しい政治的見識を持つことで、メディアを通して文化的な側面から、多くの人々を幸福へと導いていくことができるのです。

「政治」と「芸能」の学びを一つの学部で行うことで、一言で言えば、「魅力ある人」を輩出することができるのです。

『HSUテキスト7 未来創造学入門Ⅰ(上)』『HSUテキスト12 未来創造学入門Ⅱ』でも述べましたが、政治と芸能は決して離れた分野ではありません。未来創造学部では、芸能人から政治家への転身も視野に入れてカリキュラムを組んでいます。

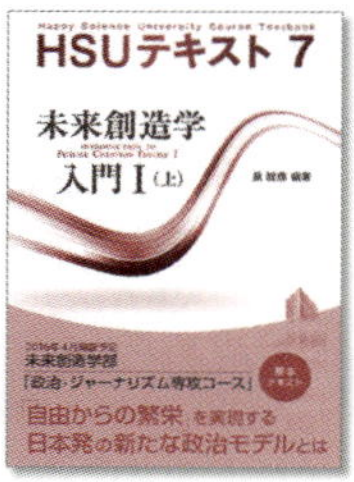

「人を惹きつける力」はあらゆる業種の「百戦百勝の法則」

——政治や芸能の世界というのは、やや特別な世界に感じる高校生も多いのではないかと思います。未来創造学部に関心はあっても、卒業後に就く職業を決めかねている高校生に何かアドバイスをいただけますか。

泉　未来創造学部が養成しようとしている主な人材像は、宗教の深い理解をもった政治家やジャーナリスト、ライター、キャスター、タレント、俳優、映画監督、脚本家等にはなりますが、未来創造学の根幹である「人の心をつかむ力」は、どのような仕事においても成功していくための能力でもあります。

たとえば営業職にしても、お客様の心をつかまなければ成果は上がりません。また、商品開発等でも、社内で企画を通すためには、説得的なプレゼンテーションができる能力が必要です。未来創造学部での学びは、こうした営業力やプレ

ゼンテーション能力にもつながっていくものです。「人の心をつかむ力」はあらゆる業種で成功していくための「百戦百勝の法則」でもあるのです。

　また未来創造学部で学ぶ学問分野は非常に幅広く、政治・ジャーナリズム系科目では、政治学、ジャーナリズム研究、法律学、経済学に関する様々な科目があり、芸能・クリエーター部門系科目では、映像制作、脚本、演技、ダンス等の実技系の科目から、映画史や芸術論、映画作品の研究といった科目まで置かれています。

　どちらのコースでも、原則すべての科目を受講できますので非常にいろいろな科目を学べる学部なのです。仮に政治家や芸能人等にはならずに企業に就職したとしても、高い能力を発揮できるだけの教育内容になっていると思います。

「政治・ジャーナリズム専攻コース」の魅力

――泉ディーンは未来創造学部の責任者であると同時に、「政治・ジャーナリズム専攻コース」のコース長でもいらっしゃいます。特に同コースの魅力について教えてください。

泉　政治や経済の勉強というと、いかにも難しそうな印象を持つ方もいると思いますが、「政治・ジャーナリズム専攻コース」での学びは、決して難しいものではありません。

政治や経済の勉強がなぜ難しく感じるかというと、「出てくる用語自体がわからない」ということが多いのですね。しかし、1年次必修科目の「未来創造学入門I」では、基本的キーワードからていねいに学んでいきます。たとえば「全体主義」という言葉も、いきなり出てきても分かりませんが、そもそも「全体主義」とは何か、といったことから学びを始めます。ですから、たとえ政治・経済に関する予備知識を持っていなくても、安心して授業に出ていただけます。

未来創造学部で「政治・ジャーナリズム」を学ぶ魅力は、私は三つあると考えています。

一つ目は、「未来志向の学問である」ということです。既存の大学で学ぶ政治は「過去や現状の分析」です。しかし、未来創造学には、「未来はこうあるべきだ」という大川隆法総裁の指し示す未来ビジョンがあります。そして、その理想に到るためにはどのような課題があり、その課題に対してどのように手を打つのかという観点から学ぶことができます。

二つ目に、「生きた学問である」ということです。授業では、松下村塾がそうであったように時事問題を多く扱います。つまり、既存の学問で答えがないことも扱うわけです。たとえばマスコミが真実を報道しないという『黙殺権』をどうやったら打破できるのか」というテーマ。決まりきった答えがあるのであれば過去の学問です。正解を暗記するという学問ではなく、そういったものを前提として、「今起きている課題をどのように解決していくのか」という学問をつくろうとしているのです。

三つ目は、「政治哲学がある」ということであり、善悪の判断を回避しないということです。既存の学問の多くは唯物論・不可知論がそのベースにあります。ですから、たとえば「基本的人権」一つとっても、なぜ人権が尊いのかがわかりません。「人間は神の子・仏の子である」という真理が背景になければ、基本的人権の本当の尊さはわからないのです。

今年（２０１７年）はＨＳＵ未来創造・東京キャンパスがオープンし、教育環境も整いました。未来創造学部を政治・文化（芸能）の両面から革命を起こす震源地としていきたいと思います。

未来の政治・文化（芸能）を、自分の手で創りたいという意欲ある方の入学をお待ちしています。

「芸能コース」と「政治コース」が一つの学部のなかにあるわけですが、私は、これはかなり〝コラボ〟するものだと思っています。

（『光り輝く人となるためには』第1章より）

未来創造学部
プロフェッサー

なかた あきとし
中田昭利

新時代の美を探究する 新たな学問が 第二のルネッサンスを起こす

未来創造学部の芸能クリエーター部門専攻コースを率いる中田昭利氏は、長年、ウォルト・ディズニー・カンパニーのグループ企業の日本代表として、エンターテインメントビジネスの第一線で活躍してきた異色のプロフェッサーである。「神の美」を体現する「美の伝道師」を養成するという、既存の芸術系の大学教育にない新たなチャレンジと、創り出そうとしている未来について語ってもらった。

1954年生まれ。1980年一橋大学卒。1993年UCLA大学院卒。ウォルト・ディズニー・ジャパン株式会社ディズニー・ミュージック・グループ アジアパシフィック・日本代表として、ディズニー・コンサート・イベント「ディズニー・オン・クラシック」を企画製作。2010年より幸福の科学に奉職。幸福の科学出版国際出版部部長を経て、現在、HSU未来創造学部 芸能・クリエーター部門専攻コース担当局長。著書に『ハリウッドから学ぶ世界№1の遺伝子』、共編著書に『HSUテキスト12 未来創造学入門II』(いずれもHSU出版会)がある。

「美」や「感性」の探究を担う芸能・クリエーター部門専攻コース

――未来創造学部の芸能・クリエーター部門専攻コースの特長を教えてください。

中田　ＨＳＵの創立者である大川隆法総裁より、「学問の本質は、『真・善・美』の探究である」と教えていただいていますが、芸能・クリエーター部門専攻コースは、「真・善・美」のなかの「美」の探究を中心に担っています。これは「感性」の探究とも言えます。

今までの学校教育や学歴社会のモノサシとはまったく別のモノサシをつくろうとしているということでもあります。今までは、テストの点数で測る学力であったり、どのような学校を卒業したかといった学歴であったり、そういったモノサシがある程度通用していました。今でもそうした価値観はあるでしょう。

しかし、芸能人や政治家は、どんなに学力が高くても、学歴があっても、人々に感動を与え、心をつかみ、ファンを獲得しなければ成立しない職業です。そのためには、多様な人の心を理解する能力や美しいものを感じとる能力、つまり「感性」という名のモノサシが必要なのです。

――芸能・クリエーター部門専攻コースでは、「感性」をモノサシに「美」の探究を行っていくということでしょうか。

中田　その通りです。もちろん、同じ学部に置かれている政治・ジャーナリズム専攻コースも、

「感性」や「人気」を大切にすることは同じですが、芸能・クリエーター部門専攻コースは、よりその特長が強いと言えます。

芸能・芸術といっても実にさまざまな分野がありますが、このコースでは、総合芸術とも言われる映画制作に主眼を置いて学んでいきます。感性を探究し、多くの人々の心をつかむ映画を制作していく人材を中心的に目指しているのです。

HSU未来創造・東京キャンパスで実践的授業が本格化

——本年（2017年）、未来創造学部専用のキャンパスであるHSU未来創造・東京キャンパスがオープンしました。このキャンパスの特長を教えていただけますか。

中田　このキャンパスは、世界に新たな文化を発信する未来創造の基地としてオープンしました。

地下には撮影スタジオ、MAスタジオ、エディットルーム（映像編集室）、レッスンスタジオが完備され、演技やダンスレッスン、ヴォーカルレッスン、映像制作等ができる環境が整っています。

礼拝堂は1階、2階と吹き抜けになっていて、シアターとして映画上映や舞台公演も行うことができるようになっています。

東京キャンパスのオープンに伴って、専門技術や知識を学ぶ、映像制作やアニメーション制作といった科目が本格的にスタートしました。

幸福の科学グループには、ニュースター・プロダクションやARI Productionといった芸能プロダクションもありますが、今年から実習系の科目が本格化する中で、すでにこれらのプロダクションに所属する学生の実力も着実に上がり、舞台

の仕事等も増えているようです。

本コースでは、仕事として舞台等に出演する場合も、その活動を評価して単位を与える制度を採っているので、学生のうちから積極的に俳優、女優としての実績を積み重ねることができます。

「神の美」を体現する人材を輩出する

――中田プロフェッサーは長年、ハリウッドNo.1企業であるウォルト・ディズニー・カンパニーのグループ会社の代表として音楽事業に携わってこられたそうですね。そのご経験は芸能・クリエーター部門専攻コースの教育にどのように活きているのでしょうか。

中田　現代のエンターテインメント産業において、ハリウッドは確かに世界でいちばん人を楽しませる力を持っていることを、私は仕事を通して実感してきました。本コースでの私の授業である「エンターテインメント論」においても、ハリウッドの世界No.1の遺伝子を学びます。

しかし、それはハリウッドをすべて真似すればよいということではありません。たとえば、ハリウッド映画のマイナス面としては、暴力的な作品が多いという点等が挙げられます。

同じ映画でも、仏法真理から見たならば、明らかに人々の心を天国的な方向へ導くものと、地獄的な方向へ向かわせるものとがあります。

私たちは、単に流行って売れるエンターテインメント作品をつくろうとしているのではありません。多くの人々に観ていただくためにはエンターテインメント性の追究は大切ですが、作品の中にどこまで人々の魂の向上や救いとなる真理を表現できたかということこそ、より大切にしなければならないのです。ハリウッドのすばらしい点に学びつつも、仏法真理をベースにした多くの人々の魂を救っていく映画を制作していきたいと考えています。

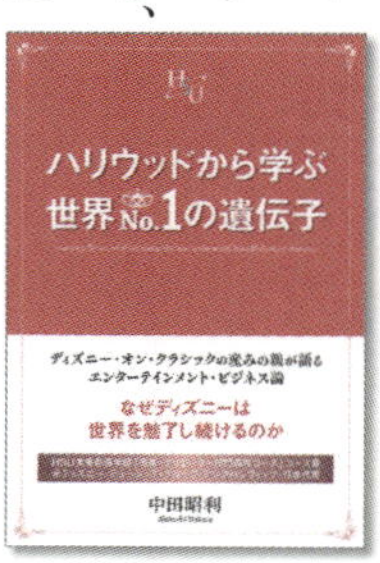

では、その際に大切なことは何でしょうか。

それは「神の美」を体現していく人材となっていくことです。歴史を振り返れば、宗教が繁栄したときに最高の芸術が開花しているのがわかります。ギリシャでは昔から「悪魔は芸術を解さない」ということわざがありますが、「美」の究極には神があり、「美」こそ真理の証明であったのです。そういった「神の美」が体現された芸術は、時代を超えて人々に感動と救いを与え続けています。

未来創造学部の芸能・クリエーター部門専攻コースで学んだ方々が、「神の美」を体現し、多くの人々の心を天上界へと導き、魂の向上・救済を果たす現代の「美の伝道師」となって活躍する未来を創っていきたいと願っています。そして、第二のルネッサンスを起こし、日本から世界へ「新時代の美」を発信していきたいと考えています。

私たちの志に共感し、使命を感じる方は、ぜひ、未来創造学部 芸能・クリエーター部門専攻コースの門を叩いてください。

芸能やクリエーターの部門では、「美」の部分、あるいは感性的な部分の探究もあると思います。

（『未知なるものへの挑戦』第1章より）

学生
インタビュー①

表彰状

SI2016 優秀講演賞

ハッピーサイエンスユニバーシティ未来産業学部　中矢　大輝　殿
高橋　武　殿
佐鳥　新　殿
北里大学医学部　吉田　功　殿
三枝　信　殿
北海道衛星（株）　伊藤　那知　殿
(株)Digi-Tapir　加納　正城　殿

貴殿の講演「ハイパースペクトルデータによる大腸癌の識別評価」は優秀であったことを認めここに表彰します．

平成28年 12月 18日

第17回 公益社団法人 計測自動制御学会
システムインテグレーション部門講演会
実行委員長　田中　孝之
プログラム委員長　川端　邦明
表彰委員長　鈴木　昭二

快挙！ 未来産業学部2年生が世界初の研究で学会表彰&専門誌に論文掲載！

中矢大輝（なかやだいき）さん
（未来産業学部3年・23歳）

２０１６年12月、「計測自動制御学会」が札幌市で行われた。国内外から多くの研究者が集まった同学会の研究発表には、ＨＳＵ未来産業学部の2年生（当時）も出席・発表し、「優秀講演賞」を受賞している。同賞を受賞した中矢大輝さんに話を聞いた。

札幌市で開かれた「計測自動学会」に参加する前に立ち寄った、幸福の科学北海道正心館の前で。

プロの舞台で学生が堂々の入賞

――中矢さんが参加した「計測自動制御学会」とはどのような学会なのですか？

中矢　例えば今、「歩行者の存在を検知して、自動的に止まる車」のCMが、よく出てきていますよね。計測自動制御学会とは、そういった車に搭載されるセンサーのようなセンシング技術（信号を解析して情報を引き出す技術）を研究する研究者であればほぼ全員参加できる、とても大きな学会です。

昨年の北海道での学会発表は3日間にわたって行われ、国内外の大学や企業に籍を置く〝プロ〟の研究者が約2000名集まり、そこで約1000件の発表が行われました。僕は、所属するHSUの研究会「宇宙工学研究会（宇宙研）」の一人としてその学会に出席し、発表させていただきました。

――中矢さんが受賞された「優秀講演賞」とは、どんなものですか？

中矢　トータル1000件近くあった〝プロ〟の研究者の発表のうち、上位5%くらいまでにしかいただけない賞……のようです。

それだけでも何だか恐縮ですが、僕の担任であり宇宙研の顧問でもあるHSUの佐鳥新先生

によると、「賞を獲ったことより、これによって今後学会誌に査読付きの論文として掲載されることが決まった。そちらの方が意味は大きい」ということらしいです。

「世界初」の研究に挑み
学部2年生で
修士修了レベルの実績を積む

——そこまで評価された、中矢さんの発表の内容とは、どのような内容だったのでしょうか？

中矢　僕のテーマは、「ハイパースペクトルカメラによる大腸ガンの識別」でした。

そもそも人は、物体から反射される光を、赤と緑と青の3色に分けて認識して物質を把握しているのですが、人が認識できる光の色は基本的に、赤・青・緑の3色です。

今回使った「ハイパースペクトルカメラ」とは、物体から反射される光の波調を細かく捉え、141色という細かさで表現できる特殊なカメラです。

北里大学の協力でガン細胞を撮影させてもらい、そのデータをHSUに持ち帰って解析して、ガンの進行の度合いを識別するという発表をしました。

大腸ガンは、今の医学では、進行の程度に応じて4つの段階に分類されています。ただ、「このガンは2段階目と3段階目のどちらか」「1段階目と2段階目のどちらか」といった進行段階の見分けは、経験を積んだお医者さんでも難しいと言われています。

ですが、特殊なカメラを使ってガン細胞を観察し、そのデータを解析したところ、しっかりとした「違い」が出せました。

つまり今回の発表では、「これまで〝スーパードクター〟みたいな方が長年の経験で判断していたものを、カメラを使って分析し、客観的に診断できる」ということを示すことができたと思います。

――研究をされる過程で、一番苦労したのは何でしたか?

中矢　最も難しかったのは、こういった研究が「世界でまだ誰もトライしたことのない、未知の分野だった」ということです。

一般的に研究には、大体すべての分野で「先行研究」というものがあり、先行事例を大いに参考にできるところがあります。

今回も、大きく言えば似たような研究はあるこ

とにはありましたが、それは「その細胞が、ガンであるか、そうではないか」までの研究でした。

一方、僕のやろうとしていた「これは、第1段階のガン細胞なのか、第2段階のガン細胞なのか」という研究は、世界で誰もやったことのない内容。そういう意味で常に孤独でしたし、「本当にこれは、有意義な結果が出るのだろうか」と不安にならなかったことはありませんでした。

そんな中でありがたかったのは、HSUという環境でした。

佐鳥先生は、いつも僕の様子を見てくれていて、僕が試行錯誤しているときは放っておいてくれました。でも、今から考えると、間違った方向に突き進んでいた時には、フラっと僕のところに来て、具体的なアドバイスをくれました。結果、その内容が大きな指針になったということが、本当にたくさんありました。

——その結果の受賞と、学会誌への論文掲載。佐鳥先生の反応は？

中矢　はっきり覚えているのですが、受賞と学会誌への掲載を佐鳥先生に報告に行くと、「これは、一般的には、修士課程を修了した研究者のレベルに相当するものです。それを、学部2年生の君がやったということで、おめでとうございます。よくやりましたね」と、いつもの道

り淡々と、お褒めの言葉をいただきました。
そのすぐ後に、「ただ君は初級レベルの成果を上げたに過ぎません。これからも頑張ってください」ともクギを刺されましたが（笑）。
でも、こういった精神的なご指導も含めて、「HSUに来てよかった」と、心から思えました。ここは、僕がHSUに入学する前に留学していたアメリカの大学であっても、望めないほどの環境だと思います。

アメリカでぶつかった〝壁〟とHSUの可能性

――アメリカの大学とは、どう違いますか？

中矢　高校卒業後、僕は2年ほど、「世界の役に立つ、最先端の研究者になりたい」と思って、アメリカの大学に物理学を学びに留学していた時期があります。

その大学は、僕のような非英語圏の学生を集めてトレーニングを行い、上位の学校に編入させる、という大学で、僕も実際、スタンフォード大への編入が目前に控えていました。

でも、そこでの授業はどうだったかというと、「結果が分かっている課題」を指導教授に提示されて、教授の言った通りの方法で計算して、すでに分かっていた答えを求めて、その過程の巧拙（こうせつ）で点数を評価されて……というスタイルでした。

しかも、本格的に実験ができるのは大学3年次の後半から。それまでは、一切の実験は許されませんでした。

（みんなで同じようなことをやって、同じような結果を出して——。この先には、同じような研究者になる道しかないんだろうな）

こんな思いが段々募ってきました。聞けば、アメリカのどこの大学も、似たようなカリキュラムだと言います。

そこで僕は、思い切って帰国して、新しい学び舎・HSUに入ることにしました。

入ってわかったことですが、ここは、本当に自由です！　どんな実験も、どんなチャレンジも、先生方はみんな応援してくれます。

それに、設備の面で僕がいた大学と比べても、見劣りがするようには思えません。

よく、「ここでの研究は、宇宙工学の分野なら国内トップクラス、ハイパースペクトルカメラを使った研究なら、世界一である」と佐鳥先生がおっしゃるんですが、今回僕がたまたま評価していただいたのも、佐鳥先生をはじめとする教員の方や、HSUの環境に負うところがとても大きいように思います。

今後も、ぬかることなく研究や勉強を進めて、もともとの志である「世界の役に立つ、最先端の研究者」を目指していきたいです。

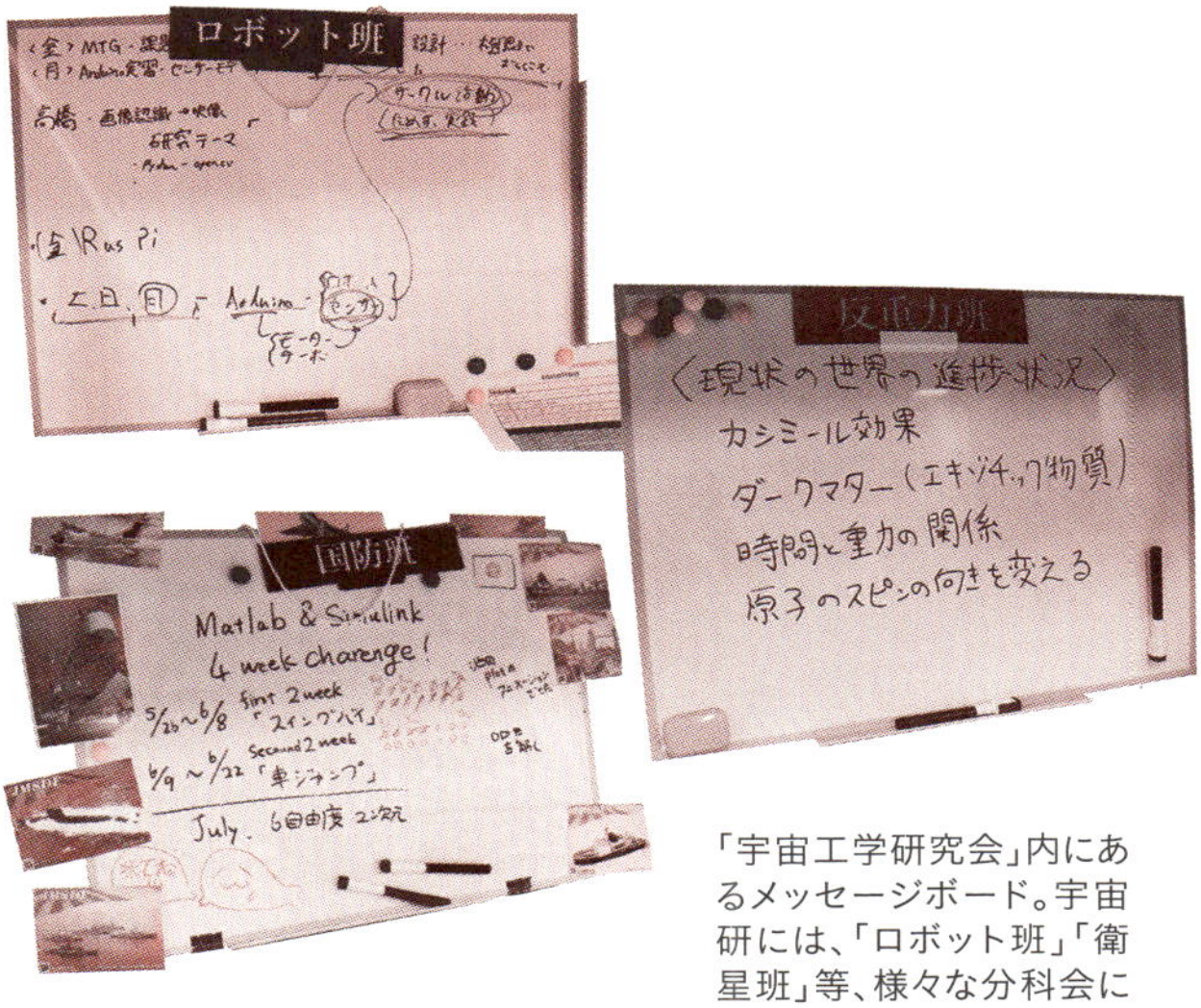

「宇宙工学研究会」内にあるメッセージボード。宇宙研には、「ロボット班」「衛星班」等、様々な分科会に分かれて、自主的な活動が行われている。

大和礼乃（やまとあやの）さん
（未来創造学部３年・20歳）

在学中にプロの漫画家としてデビュー！

ＨＳＵに在籍しながら、この春プロの漫画家としてデビューし、ツイッターのフォロワー数も数千人を超える人気を誇る、未来創造学部・芸能クリエーター部門専攻コース３年の大和礼乃さんに話を聞いた。

クリエーターに必須な企業家精神を学びに経営成功学部へ

――そもそも絵を描き始めたきっかけは？

大和　思い返せば私は、美術教師の母の影響もあってか、小さいころから「鉄腕アトム」や「ふしぎなメルモ」等の手塚作品ばかりを描いていました。自然と将来の夢も、「何かを生み出すクリエーターになりたい」と思っていたように思います。

その後、中学・高校を経てHSU経営成功学部に入学することを決めたのも、「クリエーターになるんなら、ある意味で〝個人商店の経営者〟にならなきゃいけない。その勉強を、予めしておきたい」という思いからでした。

実際、入学後1年間は、思いっきり勉強して、合間にイラストを描き溜めていく。そんな時間を過ごしていました。そして、2年生になると同時に新設された「未来創造学部 芸能クリエーター部門専攻コース」に転部したんです。

未来創造学部転部と意外なきっかけ

――プロ漫画家への道はどのように開けたのですか?

大和 転部から2カ月ほどが経ち、漫然とイラストを描いていた時、「このままでは、自己満足だな」という思いが募ってきて。

それには、「成果は外にある」と繰り返し教わった、経営成功学部の授業の影響が大きかったのかもしれませんが、とにかく「内々だけで公開して、みんな優しいから褒めてくれて、それで終わり」というのが、生産性がないような気がしていて。そこで、新しくチャレンジしてみたいと思っていた時、「Webマンガの学生向けのマンガコンテストがある」って知ったんです。

もともとイラストと漫画は全然別物ではあるんですが、〝外〟から見た自分の位置が知りたいと思って、1ヶ月くらいでファンタジー風の漫画をつくって、応募してみました。

すると、2ヵ月が経つ頃に、そのコンテストの運営会社の方から、「入賞だよ」って聞かされたんです。ただ、それですぐに連載が決まったわけではなく、「これからも連載に向けて、漫画を投稿して来てね」という程度だったんです。

――では、どうやって連載に至ったのですか？

大和　転機は実は、大川隆法総裁先生でした。入賞のお知らせをもらった後に、HSUの学祭「HSU祭」が開かれて、総裁先生がお越しになったんです。総裁先生はHSU生のいろんな展示や催しを見られたそうですが、その際、なぜか私の漫画も展示してあって、それをご覧になったらしくて……。その話を後から聞いたんですけど、その時総裁先生は、「可能性あるね」って、一言おっしゃったそうなんです。

たった一言。でも、私にとってはとても大きな一言でした。「可能性がある」ってことは、自分が諦めたら開かないし、どこかに開く扉があるんじゃないかって思えたんです。

それで、「もう1回、出品したお話をリメイクしよう」と決めたんです。するとその矢先、再び連絡があって、「公式連載にご興味はありませんか？」とお話をいただいて。そこから、一気に準備が進んで、今年の4月からWebマンガに専属作家として、週刊連載をさせていただいています。

「可能性」を信じて

大和　でも、本当の〝戦い〟はそれからでした。そもそも私は、イラストについては「2万時間くらい描いてきた」という自負があったんですが、ストーリーづくりはまったくと言っていいほど関心の外にあったので。

毎週毎週、前号の内容を受けて、次号につなぐ物語づくりに四苦八苦する時間が続きました。

でも、そんな時支えになってくれたのが、HSUでした。担任の中田昭利先生は、授業や学校生活を超えて相談に乗ってくれますし、HSUでできた友達も、「コンビニ弁当やインスタントだけでは続かないだろうから」と言って、家に来てくれて親子丼とかサラダとか、わざわざ食事まで作ってくれたり。なにより、「経営成功学入門」という授業で習った、ウォルト・ディズニーの「人を感動させるのは命がけ」という一言が、私をいつも奮い立たせてくれました。

次第に、以前は一話つくるのに7日かけても間に合わなかった執筆が、5日で済むようになり、次回の仕込みもできるようになっていました。

うれしいことに最近では、固定のファンの方が増えてきてくれて、私の描く光の表現について、「他の人と確実に違う!」「たくさんある媒体のなかでも、この光の表現だけで十分に戦っていける」と言ってくれる方が増えてきました。

まだまだぺーぺーの新米作家ですが、大川隆法総裁先生がおっしゃってくれた「可能性」を信じ、一人でもたくさんの読者さんに、感動をお届けできるような作家を目指したいです。

学生
インタビュー③

「英語は苦手」からのスタートで TOEICで410点&500点アップを達成！

多くの学生が語学力を飛躍的に伸ばしているHSU。ここでは、TOEICのスコアを410点伸ばした大嶋祥史さん（現スコア900点）と、500点伸ばした奥平智史さん（現スコア850点）に話を聞いた。

「不得意」どころではない英語

——もともとお二人は、英語は得意だったのですか？

奥平　もともと僕は中学・高校を通じて、〝底辺〟を走り続けてきたいわゆる「バカ」の部類の生徒で。例えば授業で結構〝ヤバイ〟成績を取った人が、僕のところに来て、僕の点数を見て安心して帰っていくと（苦笑）。そんな僕でしたから、英語は不得意どころじゃなかったです。

大嶋　僕も奥平先輩と似たような感じで（笑）。僕の学校では、英語には習熟度別のクラス分けがあったんですけど、そ

大嶋祥史（おおしまよしひと）さん
（人間幸福学部２年・19歳）

こでも一番下。そもそも英語が得意だったわけではありません。

でも高校の時、海外語学研修でオーストラリアに行かせてもらったんです。当然、全然喋れなかったんですけど、初めて現地の人と直に接することができたんです。

そこで、「あなたは何を信じているの?」「あなたは何を考える人なの?」とか、こっちがワクワクする質問をされて、「これに答えたい!」という思いが強くなって、「英語、やりたいな」って思いました。でも、その後勉強をし始めても全然伸びなくて。確か、入学時のＴＯＥＩＣは４９０点だったと思います。

奥平　僕のきっかけは英語と関係ないんですけど、高校の時、部活で部長をすることになって。そこで、人前で話すことに楽しさを感じるようになったんです。それで、ネットで有名なスピーチを探していくと、キング牧師の「I Have a Dream」という演説と出会って。それを見た時、わずか10分程度だったのに、体中に電気が走ったみたいになって、「英語でこんなに喋れたらかっこいいなー」って憧れるようになりました。

そこから中学校の内容からやり直して、ＨＳＵに滑り込んだ、という感じで。成績は、よく言って下の上、入学時のＴＯＥＩＣのスコアも３５０点でした。

奥平智史（おくだいらさとし）さん
（人間幸福学部３年・20歳）

人間的な成長も実感した英語学習

――そこから、どれくらいの期間でＴＯＥＩＣのスコアが上がったのですか？

大嶋　ＨＳＵに入ってとりあえず授業は真面目に受けていたので、毎日の予習・復習は欠かさなかったのですが、ＴＯＥＩＣ用に勉強を始めたのは、試験の１ヵ月半前からでした。

授業を真面目に受けているうちに、担当の先生が、文字通り自分の体を削るように教えてくれているのが分かって。ある日なんかは、授業が終わった後フラフラしていて、教卓につかまり立ちしながら酸素吸入をしていたことだってありました。そういう先生の姿を見ると、「この先生の思いに何とか応えたい」って思っちゃって。

気づけば1カ月先にＴＯＥＩＣがあったので、「そこにチャレンジしよう」と思ったんです。

奥平　僕もＨＳＵ入学後しばらくは、英語の目標は特になかったんですけど、12月になって「２年生からは人間幸福コースと国際コースに分かれるけど、君は国際コースに行かないの?」って先生から聞かれて。それで、「あ、キング牧師みたいになるには、そこに行けばいいんだ」と、初めて気づいたんです。すごい呑気ですよね（笑）。そこで、「それならＴＯＥＩＣを上げないと」と思い、先生にマンツーマンでご指導を受けて、僕も1カ月くらいでＴＯＥＩＣを３５０点アップさせて、トータル６５０点になって。少し自信をもって、国際コースに進めたんです。

――そこから、どうやって勉強されたんですか?

大嶋　僕の場合、授業で配られる英語のプリントを覚えたのと、あとは先生から教わったリスニング対策をやってました。その頃は、夕食が終わった夜7時から図書館が閉まる10時まで、毎日図書館に籠(こも)って勉強して、帰寮後も1、2時間くらいしてました。その結果、TOEICのスコアが410点上がって、トータル900点になってました。

奥平先輩は、どうでした?

奥平　……(笑)。実は、授業の予習復習以外に、勉強という勉強はしてなくて(笑)。いや、授業はちゃんと準備してたんですよ。でも、TOEICに絞った対策はしてなかったから、1月に受けた時、手ごたえは「500点……行ってるかな?」と。「もうこんな結果だったら、とてもお世話になった先生方に、一生顔向けできないのかな」って思ってて。なので、先生から「奥平君コングラチュレーション! 君、850点だよ!」と満面の笑みで言われた時は、正直「ドッキリかな?」って(笑)。でも、その疑惑の波が去ると、本気で「本当に皆さんの力で取らせてもらったな……」と思えて、泣けてきました。

大嶋　僕もです。実はTOEICの前日、礼拝堂で、こうお祈りしたんです。「僕のために指導してくれたHSUの先生に報いるために、明日のテストはベストを出させてください」っ

て。そう思わせるだけの後ろ姿を、ＨＳＵの先生たちは示してくれましたし、その熱意が、僕を、入学時では考えられなかったところに引っ張ってくれた――。僕はそう思ってます。

奥平　僕は加えて、「仲間の素晴らしさ、横のつながり」にも感動しました。「毎週○曜日の○時、この部屋に集まって、みんなで一緒に英語を勉強しよう」と言って、みんなが助けてくれて。その時間になると、一緒に英語の勉強をして、分からないところは分かる人が教える。やる気が下がってそうな人がいたら、一緒に勉強するようみんなで声を掛け合う――。

僕は、神奈川にある私立高校を出たんですけど、そこでは、友達同士で教え合うというよりも「各人が塾に行って、ひたすら勉強する」という人が多かった。そこからすると、ＨＳＵって何て温かい環境なんだって、心底驚きました。でもだからこそ、「この結果はＨＳＵに取らせてもらったものだから、気を緩めていられない」と思いましたね。

――ＴＯＥＩＣでの成功を実感したことは?

大嶋　実感したのは、今年の春オーストラリアに行った時です。「曲がりなりにも昔の自分と比べると成長したな」というのはありました。もちろん完璧ではありませんでしたが、悩みの内容が、「どう喋ればいいんだろう」から「何を喋ればいいんだろう」に変わったのは、間違いありません。

奥平　僕は、少し妙な点で実感したことがあって。入学直後の僕を知る友達から、「奥平は昔、相当キツイ性格で、『相手の欠点をあげつらって喜ぶ』みたいなところがあったけど、最近、性格がまろやかになってきた」と言ってもらいました。

その理由はよくわかりませんが、もしかしたら昔僕が持っていた勉強に対するコンプレックスが、ＴＯＥＩＣでの経験によって、払拭（ふっしょく）されたのかもしれません。

まさにＨＳＵは、英語だけでなく、僕の人格までも〝マシ〟にしていただいたのだと、自分では思っています。だからこそ、僕はＨＳＵに「愛校心」を持ってますし、たくさんの人にもこの学校に来てほしいと思ってるんです。

大嶋　本当に、僕らがこんなインタビューを受けさせてもらって。それだけでも、どれだけＨＳＵでは成長できるのかという、１つの証拠になると思っています。

体験談

「学問を学ぶ」だけじゃなく——「心と体」の健康を取り戻した、HSU生の物語。

HSUは、教員と学生が一体となって様々な新しい試みに挑戦するのみならず、学生一人ひとりのケアにも心を配っている。ここでは、長年「過食嘔吐」に悩まされ、一時は自殺まで試みようとした一人の学生が、その心と体の健康を取り戻すまでの歩みを紹介する。

「優等生」からの転落

（私は、勉強も運動もできない、「価値のない子」なんだ……）

今から5年ほど前の私は、こんな考えにとらわれながら、自宅で寝たきりの生活を送っていました。原因は、高校に通っていた18歳ごろから始まった摂食障害の一つ「過食嘔吐」にありました。

お腹が空いて、一たび何かを口にすると、歯止めが利かなくなり、次の料理に延ばす手が止まらない。しかし、女性の体でたくさんの物を受け付けられるはずもありません。一定量を超えると一気に戻してしまい、あとに残るのは、弱った身体と空腹感ばかり。

その発端は、高校での躓（つまず）きにありました。

埼玉県に4人兄弟の第一子として生まれた私は、幼いころから教育熱心な両親によって育てられました。

実家は、それほど裕福ではありませんでしたが、両親は懸命に働いて、私を東京の中高一貫、いわゆる〝お嬢様学校〟に行かせてくれたのです。

（両親の期待に、何とか答えなくっちゃ）

中学校に進学した私はそんな決意を固め、「優等生」であろうと努力し続けました。学業は常に成績上位、運動にも熱を入れ、部活はおろか体育祭やマラソン大会でも活躍しました。そんな私の姿に、両親はとても喜んでくれたのです。

経済的な余裕のある家庭ではないにもかかわらず、「いい学校」に通わせてもらっていることに、一抹の良心の痛みを感じていた私にとって、勉強や運動で「成果」を出すことは、ある意味で〝罪滅ぼし〟をしていた面があったかもしれません。

しかし、中学卒業を機に、状況が変わってしまったのです。系列の高校に進学すると、私は「選抜コース」という有名大学を目指す人たちが集まるクラスに振り分けられました。

周りは、家柄がよく頭もいい、いわゆる「お嬢様」ばかり。いつの間にか成績は普通以下の水準になり、部活も辞めてしまいました。

（せっかくいい学校に行かせてもらってるのに、何してるんだろう…！）

そう自分を責める反面、

（もう無理！　学校なんか行きたくない！）

という強い思いも、胸の中に渦巻くようになっていったのです。とはいえこんな悩み、家族に相談できるはずもありません。何も打ち明けられず、全部自分の中に閉じ込めて、「どうしたらいいんだろう」と悶々としていました。

そんな時、テレビで、「現代の闇　過食嘔吐」といったような番組を、ふと目にしたのです。その瞬間から、「これだ！　これなら学校行かなくても済むんだ」と思ってしまったのです。

次の日の朝、テレビの内容を再現するために、朝ご飯の後で喉に指を突っ込み、戻してみたのです。すると、思いのほかスッキリしたのと、家族が心配してくれたのとで〝爽快感〟を覚え、次第にのめり込んでいきました。その嘔吐は癖になり、回数も一日に2度、3度と増えていきました。必然的に高校も休みがちになり、何とか卒業はしたものの、その後入った専門学校もわずか1カ月で中退。どこにも行かないで、一日中家で寝ているだけの生活になりました。

しかし、そうであってもお腹はすきました。ただでさえ嘔吐すると疲れるので、食事量は日ましに増えていきました。普通の人なら一度に食べようとすら思わない量の料理を作って食べて、食べては戻すという悪循環に陥りました。体重もどんどん減っていき、20歳を前にして生命維持に危険が及ぶと言われた20キロ台に突入しました。

見かねた両親が、私を入院させたのは、20歳の時でした。退院の条件は「30キロ代を回復すること」。しかし、病室で寝ていると、「死ね」「過食嘔吐しろ」という二種類の幻聴が聞こえてきて、ずっとその言葉が頭の中でグルグルと回るのです。耐えられなくなって何度も自殺を試みたこともあり、遂には隔離病棟に入れられて腕と足を拘束されていたこともありました。

　体重は、最もひどい時期には23キロにまで落ち込んでいました。

　しかし、病院の規定により、最長で3ヶ月しか入院することはできず、結局私は入退院を3回繰り返しました。しかし、最後まで過食嘔吐は止まることはありませんでした。

一縷の望み

「もう、普通のところじゃ無理……。神仏のそばで、治してみたい。聖なる空間にひたりたい」

　3度目の退院をして1週間が経った時のこと。昔から幸福の科学の信者だった私は、藁をもすがるような思いで、そんなことを考えていました。これ以上、別の病院に行っても、また同じことを繰り返すだけのような気がしていたのです。行き先を、幸福の科学の研修・参拝施設である東京正心館に決め、片道1時間の電車に乗って通うことにしたのです。

　朝7時過ぎに自宅を出て、朝の祈りに参加し、そのまま礼拝堂で心を落ち着ける毎日。そのうち、知り合いになった信者さんからボランティアに誘われ、できることに限ってお手伝いをするようにもなりました。

　ボランティアの内容は、お野菜を切ったり、お鍋を洗ったり、作務をさせてもらったり。時間ができると、同じくボランティアに参加される信者さんたちと、みんなで一緒にお茶をしたり。

　そんなゆったりとした時間は、ついこの間まで病室のベッドの上で送っていた殺伐としたかつてとは、正反対のものでした。

　すると、ふと、あることが心をよぎったのです。

（今まで私は、自分のことを「人より劣っている」とか「結果が出なかったら価値がない」とか思ってたけど、そうじゃないんだな。私がこうしているだけでも、受け入れてくれる人って、いるんだな……）

不思議なことに、東京正心館に通うようになってから、過食嘔吐の回数は週に2、3回にまで減っていきました。

心に宿る夢

「HSU、2015年春開学」というイイシラセを聞いたのは、そんな時でした。

（HSUなら、朝、目が覚めると同時に、神様のために生きれるんだ。一日中、神様に尽くして生きるっていう生活が、HSUに行ったら叶うんだ）

そこで、母にHSUへの進学希望を話し、1年間勉強して、高校までの内容を復習し、2016年4月、念願の学び舎の一員となることができました。

授業では、大川隆法総裁先生の教えが学べる科目を、優先的に取っていきました。特に感動したのは、総裁先生の御法話「The Real Buddha and New Hope」を拝聴した時でした。

「I hope you all be happier and happier（あなた方すべてが、もっともっと幸福になることを願っています）」――。

（私はかつて、自分のことを「成果が出ない子」「駄目な子」だと思っていても、神様は、そんな私でも愛してくれていて、私の幸福を祈っていてくれるんだな。自分は、「いてはいけない駄目な子」じゃないんだな）

そういう思いがこみあげてくると、自然と涙が溢れてきたのです。

また、礼拝堂でお祈りしていると、穏やかな

気持ちが満ちてきて、自然にこう思えたのです。

（自分が怖がっているもの、恐れていること、すべて、神様に一旦、お預けしよう。そして、神様の懐（ふところ）のなかで思いっきり感謝して、そして、少しでも自分ができることを人に恩返しして行こう）

すると、不思議と体中が熱くなってきて、それまでは夏でも冷え切っていた手足の指先にまで、温もりが満ちていったのを感じました。

気づくと、ＨＳＵ入学前でも時折出ていた過食嘔吐の症状も完全になくなり、体重も30キロ台を回復しました。

今春はインドやネパールに行って、幸福の科学の海外伝道の現場を見るまでにもなったのです。昔の私を知る人からすると、「普通の人ですらお腹を壊すようなところに、結衣ちゃんが行ったなんて……」とびっくりされます。

私はこのＨＳＵで、心と体の健康を取り戻せたのです。

そして今、私には、1つの夢が見つかりました。

私を立て直したこの教えを、全世界に広めたい。そう遠くないいつか、海外伝道に従事して、私のように苦しむ人に、「大丈夫だよ。ここに、神さまがいるよ」って声をかけてあげたい——。

そんな夢を心に宿しながら、私は今、ＨＳＵで勉学に、心の修行に勤しむ日々を送っています。

HSUでは、在学時の学問的成長のみならず、確実な就職支援や社会人としての基礎力を養成するため「キャリア支援室」を設置し、入学直後から実践的な取り組みを行っている。ここでは、その一部を紹介する。

学内合同説明会の開催

外部の就職説明会に出るのみならず、学内でも合同説明会を開催しています。今年は4月に開催され、サービス、製造、IT関連など20社以上が出展。参加した企業の人事担当者からは、「積極性があり、やり抜く力を感じた」「コミュニケーション能力が高い」といった声が聞かれました。

各種資格の取得サポート

HSUでは、資格試験の対策講座を開催するのみならず、本学を試験会場として資格試験を開催。秘書検定、日商簿記検定、宅地建物取引士などの各種資格取得をサポートしています。また、税理士や公認会計士などの難易度の高い資格についても、その資格を取得している教職員が、学習のアドバイスを行っています。

共に未来をデザインしましょう！

職業は、その人の持つ「使命」と密接なつながりがあるとされています。HSUでは、1年次から学生と面談を重ね、学生一人ひとりの強みや課題を探ると同時に、授業やインターンを通じて社会経験を積み、その人だけにしかない「天命」を一緒に探していっています。私も、人材派遣会社に在籍した経験を生かして、そのお手伝いをさせていただければと思っています。

キャリア支援室 **宮崎 亮** 職員

卒業の「その先」まで――HSUのキャリア支援

1年次から始まる授業「キャリア・デザイン」

「自分を知る」「社会を知る」「自分の未来を設計する」―。こうした目標を掲げ、HSUでは1年次から「キャリア・デザイン」という授業を全学必修で行っています。人気テレビ番組「カンブリア宮殿」で採り上げられた有名企業の社長をはじめ、企業経営者が毎月のように招かれ、「社会が求める人材像」を語り込んでいます。

企業でのインターンシップ

就職を見据えたキャリア教育の一環として、企業等での社会体験プログラム（インターン）への参加を推奨しています。希望者は1年次から参加でき、座学では得られない人間的成長を遂げる学生が続出しています。また、受け入れた企業の経営者からも、HSU生への高い評価をいただいています（p.110、111 参照）。

企業への就職活動の支援

企業情報の収集・提供、就職説明会・セミナーの情報提供・参加随行など、学生の希望進路発見に向けたサポートを行っています。企業の採用担当者からは、HSU生の「志」の高さや「積極性」などが高く評価されています。

研究開発から営業まで HSU卒業生に大いに期待

株式会社 福岡建設合材
代表取締役社長 **福岡大造**(だいぞう)さん

弊社は熊本県に本社を置き、アスファルト合材の製造販売や、発電所などから出る灰の有効活用などを手がける企業です。

研究開発には力を入れており、数年来のお付き合いとなるHSU未来産業学部の佐鳥新プロフェッサーとの共同研究も進めています。昨年は道路のアスファルトの紫外線による劣化を測定する新技術で、特許も申請しました。

私は事業経営を通して神の繁栄の一翼を担いたいと願っていますが、信仰者として志を共有できるHSU生には、とても期待しています。

これまでも、インターンシップで5人のHSU生を受け入れて仕事を体験してもらいましたが、「やはり信仰と使命感を持った学生はひと味違う」と感じました。

たとえば、社員への挨拶がわりに、10分くらいスピーチを依頼すると、二つ返事で引き受けてくれて、社長の私や社員への感謝、HSUと自分の紹介など、礼儀正しくしっかりと話をしていました。さすが発信力を重視するHSUで学んでいるだけのことはあると感心しました。

この春、HSUで開催された企業の合同説明会でも、多くの魅力的な学生に出会うことができ、昨年インターンシップで知り合った学生と再会し、その成長ぶりに驚いたものです。

研究開発を担う人材や、国内外の販路を積極的に拓いていく人材、将来、財務経理を託すことができる人材など、多くの優秀な学生に来てもらえるよう、私たちも弊社の志と魅力を伝えていきたいと考えています。

既に好影響を与えるHSU生 共に会社の未来を創造しよう

株式会社 勝美ジャパン
代表取締役 山崎裕康（ひろやす）さん

当社は野菜を冷凍加工し、主に医療現場に届ける冷凍野菜メーカーで、開学時からHSU生をインターンとして受け入れています。インターン中、彼らには当社の新入社員と同等に、社内会議への出席や、時には海外提携工場への出張を経験してもらいましたが、彼らの貢献マインドや成長力には驚かされます。

例えばある学生に、国内展示会に参加した海外の協力企業の応援に行ってもらった時のこと。その学生はTOEICで805点を取る語学力があったので、当社も安心して送り出したものの、帰ってきた際の彼女の目には涙が浮かんでいました。その理由を訊ねると、「英語が通じず、役に立ちたかったのに何もできなかった」とのこと。こちらが聞いていた先方での評判は上々だったのですが、彼女はそれをバネに英語の勉強を続け、今ではTOEICが900点を突破したと聞いています。

そんなHSU生と接したことで、当社にも好影響が及んだようです。ひたむきな学生の姿勢に触れて、当社のある社員は「あなたのような学生がいると分かり、日本は安心だと思った」と、学生の評価レポートに記載していました。

当社としても、HSU生の成長を願って、インターン期間中は新入社員と同等の責任を求めたり、時には敢えて厳しい指摘をしたり、インターン終了後に時間を設けて「社会人として必要な心構え」を直接伝えたりしたこともありました。将来的には、HSU卒業生と共に、当社の未来を創造していきたいものです。

学生対談

〝外〟を見てきたからこそ分かる

HSU「ココがすごい!」他大からの転学者×社会人を経験しての入学者

橋口恵人（はしぐちあやと）さん
（経営成功学部2年・21歳）

前川真弥（まや）さん
（人間幸福学部3年・22歳）

新時代の文明の源を目指し、チャレンジし続ける学び舎・HSU。その姿は、〝外〟から見るとどう映るのか。他大学から転学してきた前川真弥さんと、中学卒業後、就業経験を経て本学に入学した経営成功学部2年の橋口恵人さんに語ってもらった。

求めた本当の「学び」の形

前川　私は物心ついたときから、なぜか「宗教家になって、神様の教えで世界から貧困をなくしたい」と思っていました。宗教と経済は、ずっと私の心を占めるテーマで、「一体どうしたら、貧困をなくすことができるんだろう」という答えが知りたくて、青山学院大学に入学しました。

でもいざ行ってみると、周りは結構、「今が楽しければOK!」というか、夢や志を持っていない人も多いように見えてしまって。

私は、「いや、私は貧困がなくなる方法が知りたくて……」「私には貧困を解決するっていう夢があって、そのための勉強がしたいんだけど……」って言っても、まったく理解してくれないというか。「なんでそんなこと言うの?」「普通にいい成績をとって、とりあえず銀行か公務員になって。それでいいじゃんか」って。

「もしかしたら私は、求めていたのと真逆の世界に来たのかもしれない」というような思いはありました。話が、全然嚙み合いませんでした。

橋口君の場合は、どうでした?

橋口 僕は、中学校の時、あまり勉強してなくて、遊んでばっかいたんです。学校にも半分しか行ってなくて、地元の友達と遊んでて。高校に入る気はなく、周りの友達と同じように、「肉体労働」の一択しか考えてませんでした。

ただ、そんなに社会は甘くなくて。流れで入った建築現場の仕事は、普通に手が出る、言葉が荒い。そもそもキツイ。結局長続きしないでそのお仕事を辞めて、コンビニでバイトをし始めたんです。けど、今度は物足りなくなって、次は別の現場の仕事をするようになったんです。

でも、そこもすごい厳しいところで、コワさは前の現場以上。何度も「辞めてやろう」って思ったんですけど、「辞めるのは簡単じゃけど、また負けた感じがする。どうせだったら仕事できるようになっちゃろう」と、なぜか燃えて。

そういう負けん気を周りが評価してくれたのか、段々と現場の仕事でもうまく行くようになって、「いずれお前にこの会社を任せたい」って社長さんに言ってもらえるまでになったんです。

それは、自分にとってはすっごくうれしかったんですけど、同時に自分の人生の限界というか、「このまま行ってもレベルが低いままかな」というのも芽生えてきて。「どこかでちゃんと勉強しなきゃいけないな」って、考えるようになったんです。

でも先輩の場合は、僕と違って、そもそも別の大学に行かれてたんですよね？　どうしてHSUに変わろうと思ったんですか？

「大事だから、行きんさい」

前川　1年生の秋ごろ、私の実家の近くの大学で経済学を教えていらした鈴木真実哉先生（現在、HSU経営成功学部ディーン）の講義を聴講させていただけることになったんです。

青学に通いながら、鈴木真実哉先生のところに週2回通いました。そこで、人生を変える言葉をもらったんです。「経済学の父アダム・スミスは、世界から貧困をなくすために経済学をつくったんだよ」って。

「私が勉強したかったのは、こういうことだ！」って思って、その夜は興奮して眠れませんでした。「思想の力」で貧困をなくすということができるということ、そういうことに挑戦した人がいたんだということを知って、わくわくしたんです。

その後、「この信仰をもとにして宗教と経済を融合した新しい経済思想をつくって、世界の貧困をなくしたい」という夢が、押さえきれなくなっていきました。

そのためには、HSUで学ばなければならないと思ったのですが、私が青学に入ったことをとても喜んでくれた両親に、「青学を辞めてHS

Ｕに行きたい」とは、なかなか言い出せませんでした。

でも「この夢を実現しないと死ねない」って覚悟が固まって、思い切って父に伝えました。するとと、父は「お前、何を言い出すんだ。ここまで苦労して積み上げてきたものを全部捨てるつもりか」って言って、それから2ヵ月くらい口をきいてくれなくなって。でも、最終的には私の決断を許してくれたんです。

私の場合は、親を押し切ってＨＳＵに来ることになったんだけど、橋口君は……？

橋口　僕の場合は、お世話になった社長への思いでしたね。漠然と「勉強したいな」って思いが出てきた時、母から「ＨＳＵっていうのがあるよ」って後押しされたのと、「新しい学校」というのが面白そうで。

ただ、その希望を職場の人に伝えると、返ってきたのは「バカかお前は」「結局この仕事するなら、勉強しても意味ないで」。本気とは受けとってもらえませんでした。

社長に話しても、「もともと、『次はお前に任せたい』って思ってた。やめるのは許さん」。その一言は、ある意味でつらかったです。ずっと僕のことを見てきてくれた人だったので、その恩義に反するような気がしてたんです。

でも最後は、社長の奥さんが「学校、大事だから行きんさい」って言ってくれて。すごい申し訳なさを感じながらも現場の仕事を辞めて、４年ぶりに学生に戻ることになりました。

「早稲田より、青学より、ＨＳＵ」

前川　お互い、少し遠まわりしたけどＨＳＵに来れてよかったよね。勉強量は青学の３倍くらいで驚きましたけど（笑）。授業の課題は多いし、資料も一杯渡されるし。「宗教家になるってこんなに厳しいんだ」って突き付けられました。

でも、「勉強したい」って思い続けた情熱を思う存分発揮して、好きに学ばせてもらってます。自分の信じている信仰のもとに、神様のために学問ができることが幸せ。ここでは、自分の信仰をストレートに打ち出して、友達と本気で学び合うことができるし、先生方も本気で教えてくれます。だから、毎日に感動があって。こんなこと、他の大学ではありえない（笑）！

橋口　僕も最初は、授業についていくのはかなり大変でした。英語も一番下のクラスで、それも何を言っているのか分からないレベル。ただ、先生たちは教えるのにすごい熱心で、聞けばいつまでも付き合ってくれて。それで、朝起きてから図書館に籠って、夜10時までびっちり勉強して。

そうして３ヵ月くらいが経ってくると、ようやく授業が分かるようになってきて、「今、自分の幅を広げてるんだな」って、毎日実感してます。でも、「毎日仕事して、疲れて、寝る」だけじゃない生活が、本当にすごい楽しいんです。

それに、授業以外にも学びはあって。僕は１年生の頃、寮の副ブロック長をさせてもらって、そこでいろんな人を見たんです。それまで建築現場の強い人しか見てこなかったから、「〝そうじゃない人〟にどうアプローチすればいいのか」「相手はどう思っているのか」学ばせてもらいました。

そういう生活を送らせてもらったせいか、長

期休暇で地元に帰ると「顔が変わったね」「すごい優しい顔になったね」って、よく言ってもらいます。確かに、昔の写真を見ると、「目つき悪いなー」って思います（笑）。具体的に何が変わったのかは分からないですけど。だから僕にとってのHSUは、「人間そのものを変えてくれるところ」。こんな学校、見たことないです。

前川　私も、母から聞いただけで、直接聞いていないのですが、父がこう言ってくれてたみたいです。

「兄貴が卒業した早稲田より、真弥の通った青学より、結局はHSUが一番よかった。他の大学は遊ぶ人も多いが、HSUでは生きた授業をしていて、勉強量も多い。世間の大学も、HSUくらい勉強した方がいい」って。「あー、ここに来て本当によかったな」って思いました。私には直接言ってくれないですけど（笑）。

HSUに来て、本気で勉強に打ち込んでみて、「世界に本当の豊かさを実現する、新しい経済思想をつくりたい」っていう思いはますます強くなっています。それができたら、自分の人生は満足かなって。

橋口　僕は経営成功学部なので、何かの事業で成功して財団をつくりたい。そして、成功の理由を聞かれた時、「HSUで学んだからです」と胸を張って言い切りたい。それが僕の夢です。

学生
インタビュー④

海外留学で分かった
HSUの授業は
「世界の最先端」

過足優助（よぎあしゆうすけ）さん
（人間幸福学部２年・20歳）

教育において世界有数の国際競争力を持つアメリカ。同国のニューヨークに留学した過足さんは、「HSUの授業のすごさ」を肌で感じたという。帰国直後の過足さんに話を聞いた。

憧れを叶えて米国に留学

僕には、中学生のころからの夢がありました。それは、「海外をこの目で見てみたい」「絶対に1年は留学したい」というものです。

そこで、HSU入学後に親に頼み込んで、去年4月から今年の5月までの1年間、アメリカで勉強させてもらうことになりました。場所は、アメリカのニューヨークにある「ニューヨーク州立大学」というところでした。

留学中、ハーバードで学ぶ学生と知り合ったりして、たくさんの人とめぐり合わせてもらいました。

ただ、留学から帰って来た今、率直に感じるのは、本当に「HSUの授業って、世界のトップだったんだ」ということです。

現地の授業で感じた疑問

ニューヨーク州立大学では、教養課程に通い、「心理学」や「現代ビジネス論」、「プレゼンテーションスキル」とネイティブ向けの英語の授業を取ってきました。

最初は、「日本の授業と、どう違うんだろう?」といったワクワク感もありましたが、その気持ちは長続きはしませんでした。

例えば、心理学の授業は、大学でも屈指の人気を誇る教授が担当されていたのですが、最初から最後まで、その教授から出てきたのは統計ばかりでした。例えば、禁煙に関するトピックを扱っていた時のことです。

「禁煙を希望する者のうち、およそ80%の人は、禁煙に失敗する。これは、統計学から得られた真実です」

その心理学の教授曰く、禁煙の成功/失敗は、それまでに摂取したニコチンの量に左右されるのであり、禁煙を希望するまでになった人とは、統計的にニコチン中毒になっている人が大半で、従ってもう〝手遅れ〟とのことでした。

高い公共性が求められる学問であるなら、「禁煙するには心理学的にどうすればいいか」といった、我々の生活を幸福にする方法を議論すべきです。それが、なんで禁煙失敗の正当化みたいになってるの？　これは、統計に振り回されてるんじゃないの——？

こんな疑問は、そのクラスが続いた1年間、ずっと離れませんでした。

「HSUは世界の最先端」という確信

こんな驚きもありました。「現代ビジネス論」の授業のことです。

担当の先生は、開口一番こう話したんです。

「諸君。私の授業は、諸君の将来に、何ら役に立ちません。私はビジネスを教えていきますが、私が諸君に教えるのは、『ただの情報』です。諸君が私の授業を受けてる理由を、ちゃんと覚えておいてください。それは、『大学を卒業するため』だけです。諸君らが将来、何かをなしていく際に役立つ知識じゃありません」

教室が、途端にザワめきました。僕も困ってしまって、「先生、それ、どういうことですか？」と聞いてみました。するとその先生は、

「社会に出て役に立つものを学びたければ、ナポレオン・ヒルの書籍『思考は現実化する』を

ニューヨーク留学中の一コマ。

お読みなさい」

ある意味その先生は、知的に正直すぎる先生だったのでしょう。「先生の知識を生かして、ナポレオン・ヒルの教えを学問化したらどうですか」と聞いたこともあったのですが、その先生は諦めていたようでした。

その時、僕は「それをやっているのがHSUだ!!」って、思わず叫びたくなったんです。

アメリカのニューヨークではなく、日本の千葉にあるこのHSUこそが、その先生が諦めていた「心の力の学問化」に取り組んでいます。その経験を通じて、僕は確信しました。このHSUが、世界の最先端であると——。

そういう思いを持って、僕は今年の5月、誇りをもって帰国しました。1年ぶりに会う友達が、口々に「おかえり!」と言って家族のように迎えてくれて、「僕の居場所はやっぱりここなんだ」と思いました。

今後は、〝世界の最先端〟であるHSUでの勉強を通して、「心」の持つ力を、思いっきり研究したいと考えています。大川隆法総裁先生がおっしゃっていた「ここが未来の発信基地」というのは、本当に真実でした。

たった1年の留学経験でしたが、HSUの真価を実感するには十分だったように思います。

Epilogue

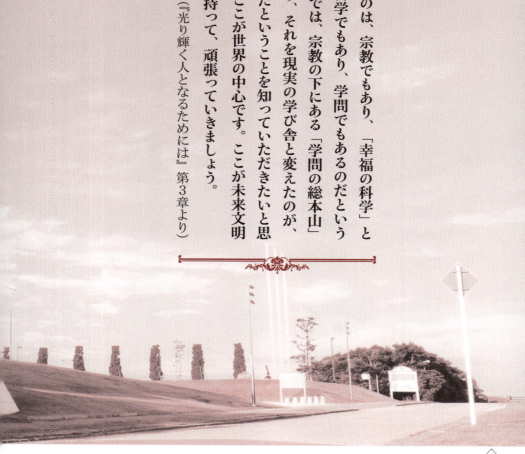

私たちがやっているのは、宗教でもあり、「幸福の科学」という名前のとおり科学でもあり、学問でもあるのだということです。ある意味では、宗教の下にある「学問の総本山」が幸福の科学であり、それを現実の学び舎と変えたのが、この「HSU」なのだということを知っていただきたいと思います。みなさま、ここが世界の中心です。ここが未来文明の原点です。勇気を持って、頑張っていきましょう。

（『光り輝く人となるためには』第3章より）

学問の総本山ＨＳＵ――
ここから新しい教育が始まる。

BOOKS

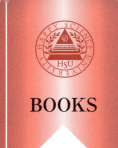

大川隆法著作 幸福の科学 大学シリーズ一覧

創立者の大川隆法総裁は２０１３年以降、幸福の科学 大学シリーズを次々と公開し、新しい学問の枠組みを提示されている。その内容は幸福論から未来の産業に至るまで多岐にわたる。

1 新しき大学の理念
2 「経営成功学」とは何か
3 「人間幸福学」とは何か
4 宗教学から観た「幸福の科学」学・入門
5 「未来産業学」とは何か
6 「未来創造学」入門
7 プロフェッショナルとしての国際ビジネスマンの条件
8 仏教学から観た「幸福の科学」分析
9 幸福の科学の基本教義とは何か
10 「ユング心理学」を宗教分析する
11 湯川秀樹のスーパーインスピレーション
12 比較宗教学から観た「幸福の科学」学・入門
13 恋愛学・恋愛失敗学入門
14 「現行日本国憲法」をどう考えるべきか
15 未来にどんな発明があるとよいか
16 もし湯川秀樹博士が幸福の科学大学「未来産業学部長」だったら何と答えるか
17 政治哲学の原点
18 経営の創造

19 法哲学入門
20 究極の国家成長戦略としての「幸福の科学大学の挑戦」
21 経営が成功するコツ
22 早稲田大学創立者・大隈重信「大学教育の意義」を語る
23 人間にとって幸福とは何か
24 青春マネジメント
25 「実践経営学」入門
26 神秘学要論
27 幸福学概論
28 ソクラテスの幸福論
29 キリストの幸福論
30 ヒルティの語る幸福論
31 アランの語る幸福論
32 北条政子の幸福論
33 孔子の幸福論

34 ムハンマドの幸福論
35 パウロの信仰論・伝道論・幸福論
36 八正道の心
37 他力信仰について考える
38 悟りと救い
39 禅について考える
40 日蓮を語る
41 幸福の科学大学創立者の精神を学ぶⅠ（概論）
42 幸福の科学大学創立者の精神を学ぶⅡ（概論）
43 宗教社会学概論
44 「成功の心理学」講義
45 西田幾多郎の「善の研究」と幸福の科学の基本教学「幸福の原理」を対比する
46 仏教的幸福論 ―― 施論・戒論・生天論 ――
47 「幸福の心理学」講義

（２０１７年６月現在）

大川真輝著作 幸福の科学 大学シリーズ

大川真輝 大川隆法総裁の次男。現在、幸福の科学名古屋正心館副館長（参事）。

大川裕太著作 幸福の科学 大学シリーズ

大川裕太 大川隆法総裁の三男。現在、幸福の科学常務理事 兼 政務本部活動推進参謀 兼 国際本部活動推進参謀 兼 エル・カンターレ信仰伝道局活動推進参謀。

HSU教員の「テキストシリーズ」「大学シリーズ」一覧

HSUテキストシリーズ

1 HSUテキスト1 創立者の精神を学ぶⅠ（金子一之編著）
2 HSUテキスト2 創立者の精神を学ぶⅡ（金子一之編著）
3 HSUテキスト3 経営成功学入門（原田尚彦・石見泰介編著）
4 HSUテキスト4 基礎教学A（金谷昭・今井二朗・金子一之編著）
5 HSUテキスト5 幸福学概論（黒川白雲編著）
6 HSUテキスト6 未来産業教学概論（近藤海城編著）
7 HSUテキスト7 未来創造学入門Ⅰ（上）（泉聡彦編著）
8 HSUテキスト8 基礎教学B（今井二朗・金子一之編著）
9 HSUテキスト9 幸福の科学成功論（石見泰介編著）
10 HSUテキスト10 教学の深め方（樅山英俊編著）
11 HSUテキスト11 経営成功総論Ⅰ（上）（九鬼一監修・編著・村上俊樹編著）
12 HSUテキスト12 未来創造学入門Ⅱ（泉聡彦・中田昭利・松本弘司・小田正鏡・愛染美星編著）
13 HSUテキスト13 経営成功総論Ⅰ（下）（九鬼一監修・編著・村上俊樹編著）
14 HSUテキスト14 応用教学A（松本智治編著）
15 HSUテキスト15 経営成功総論Ⅱ（上）（渡邉和哉監修・編著・村上俊樹編著）
16 HSUテキスト16 経営成功総論Ⅱ（下）（渡邉和哉監修・編著・村上俊樹編著）
17 HSUテキスト17 一倉定の経営論（村上俊樹著）
18 HSUテキスト18 幸福の科学仏教論（金谷昭編著）
19 HSUテキスト19 幸福の科学的霊界観（今井二朗編著）
20 HSUテキスト20 松下幸之助の経営論（石見泰介編著）

教員著作 幸福の科学 大学シリーズ

1 新しき大学とミッション経営(九鬼一著)
2 幸福の科学大学の目指すもの(九鬼一著)
3 大学教育における信仰の役割(九鬼一著)
4 実戦英語仕事学(木村智重著)
5 知的幸福整理学(黒川白雲著)
6 比較幸福学の基本論点(黒川白雲著)
7 人間とは何か(黒川白雲著)
8 夫婦でTOEIC990点満点対談(松本泰典・松本摩耶著)
9 「未知」への挑戦(福井幸男著)
10 フロンティアを拓く未来技術(近藤海城著)
11 TOEIC990点満点到達法(松本泰典著)
12 「自分の時代」を生きる(金子一之著)
13 経営を成功に導く心の力(原田尚彦著)
14 乱気流時代を勝ち抜く経営(石見泰介著)
15 「奇跡」の日本近代史(綾織次郎著)
16 理想の憲法を求めて(佐藤悠人著)
17 新時代のクリエイティブ入門(松本弘司著)
18 『資本主義の未来』に学ぶ新しい経済学(西一弘著)
19 感動を与える演技論(小田正鏡著)
20 HSU未来をつくる授業(黒川白雲編)
21 愛と勇気のジャーナリズム(綾織次郎著)
22 現代の松下村塾 HSUの挑戦(HSU出版会編)
23 ハリウッドから学ぶ世界No.1の遺伝子(中田昭利著)
24 救世の時代 来たれり(黒川白雲編著)
25 宗教対立を克服する方法(金子一之著)
26 「救世の主役」を目指して(黒川白雲編著)
27 誰がマスコミ権力を止めるのか(綾織次郎・里村英一編著)
28 真実の扉を開くジャーナリズム論(田中順子著)
29 理念経済学が日本を救う(鈴木真実哉著)
30 幸福の科学的「演出論」入門(松本弘司・小田正鏡著)
31 スピリチュアル自然学概論(木村貴好著)

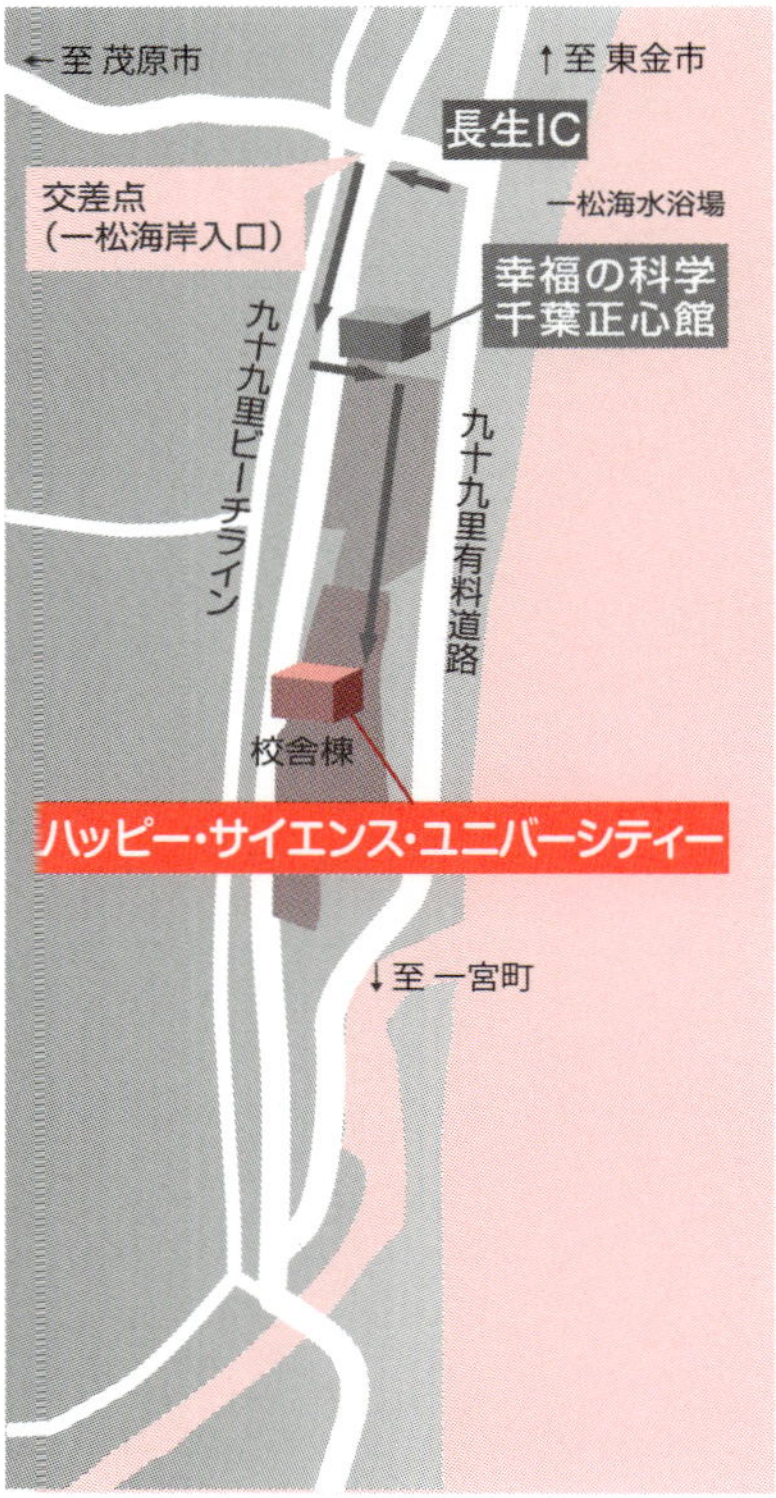

未来創造・東京キャンパス

〒 136-0076　東京都江東区南砂 2-6-5

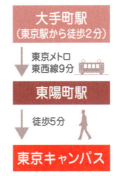

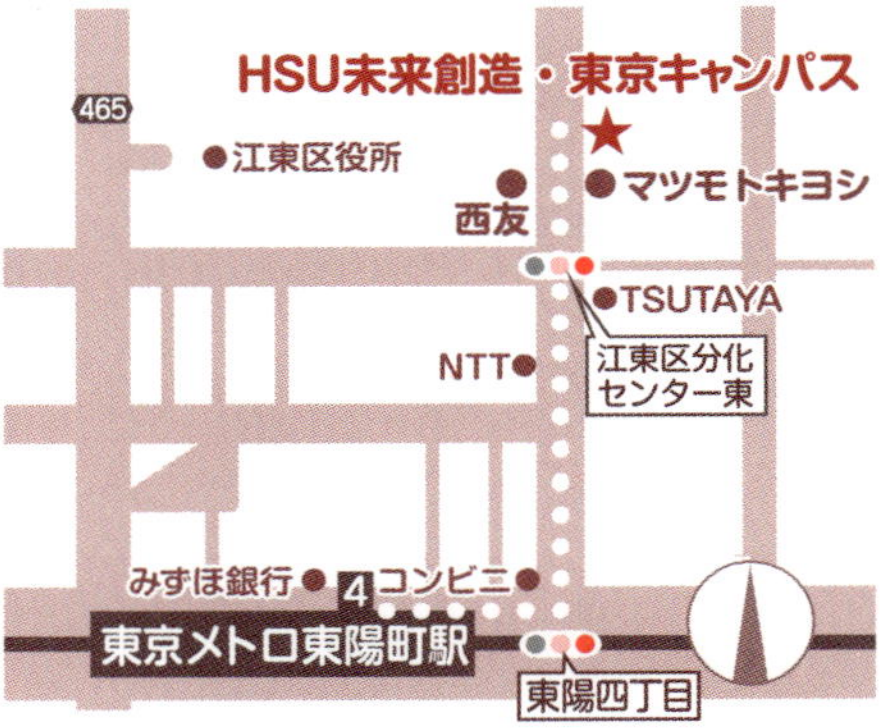

大手町駅
（東京駅から徒歩2分）

↓ 東京メトロ
東西線9分

東陽町駅

↓ 徒歩5分

東京キャンパス

千葉長生キャンパス

〒 299-4325　千葉県長生郡長生村一松丙 4427 番 1

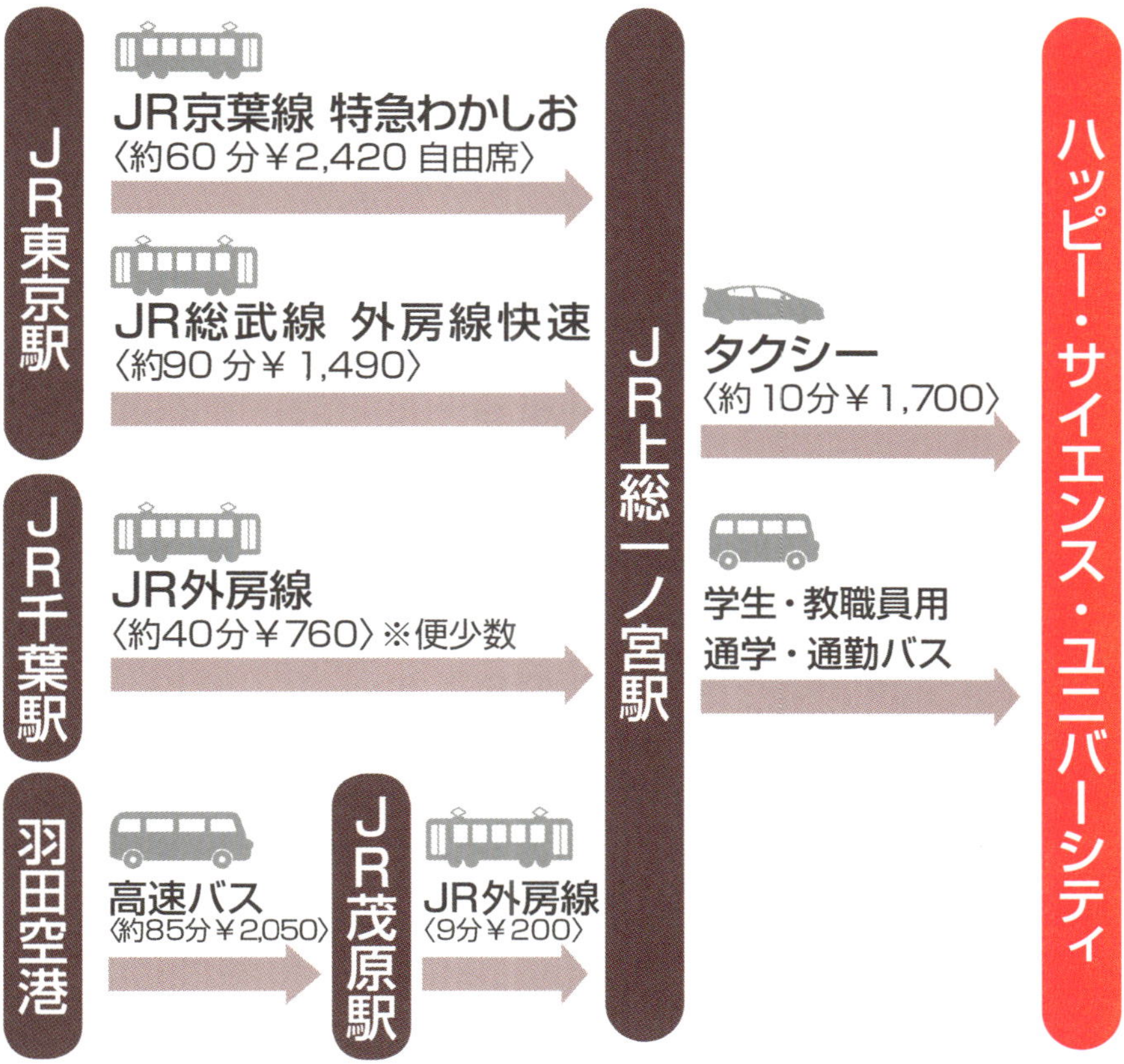

学問の総本山 HSUの教育革命
──開学3年目 成果レポート

2017年7月26日　初版第1刷

編者　HSU出版会

発行　HSU出版会
〒299-4325 千葉県長生郡長生村一松丙4427-1
TEL（0475）32-7807

発売　幸福の科学出版株式会社
〒107-0052　東京都港区赤坂2丁目10番14号
TEL（03）5573-7700
http://www.irhpress.co.jp/

印刷・製本　中央精版印刷株式会社

落丁・乱丁本はおとりかえいたします

ISBN:978-4-86395-928-6 C0037